LA COMTESSE
DE FARGY.

DE L'IMPRIMERIE DE J. TASTU,
RUE DE VAUGIRARD, N° 36.

LA COMTESSE
DE FARGY.

PAR

MADAME DE SOUZA.

TOME DEUXIÈME.

PARIS.
ALEXIS EYMERY, LIBRAIRE-ÉDITEUR,
RUE MAZARINE, Nº 30.

1823.

LA COMTESSE

DE FARGY.

Après le départ de madame de Nançai, madame de Limours était restée très-occupée de Blanche. Elle avait fort bien observé l'intérêt que *monsieur* de Fargy lui inspirait, et combien lui-même avait été frappé de sa beauté. Elle eût été si contente de les voir unis, qu'elle rêvait sans cesse aux moyens d'assurer leur bonheur. Mais il régnait tant d'obscurité sur la situation de ce jeune homme, que tour à tour elle se décourageait, reprenait de l'espérance, et finissait par ne s'arrêter à rien. On ne connaissait point les malheurs de monsieur de Fargy. Cependant, on savait que son père s'était retiré à la campagne, et n'y recevait personne; que sa mère avait rompu à la fois avec sa famille et ses amis, pour s'enfermer dans un couvent. Ce parti extraordinaire avait été désapprouvé, comme ce qui est extraordinaire l'est toujours; et si on ne la blâmait plus, c'est qu'on commençait à l'oublier.

Depuis long-temps, madame de Limours était parvenue à savoir que monsieur de Fargy avait quitté la France, quand ses parens s'étaient séparés. Elle croyait même qu'il n'avait pas conservé de relation avec eux; car, pendant les quatre mois qu'il avait passés chez elle en Italie, elle ne lui avait vu recevoir aucune lettre, et son inquiétude n'en paraissait pas augmentée. A Pise, un banquier était chargé de lui fournir l'argent dont il avait besoin; mais il en prenait rarement, et pour les dépenses strictement nécessaires. Son vieux domestique le trompait même d'une manière nouvelle; et elle avait découvert que, pour flatter la manie de son maître, il lui cachait la moitié *du prix de chaque chose*. Cet ancien serviteur n'ignorait sûrement pas les secrets de cette famille; mais il était impénétrable.

En revenant d'Italie, monsieur et madame de Limours avaient ramené monsieur de Fargy. Il leur était devenu trop cher, pour qu'ils eussent consenti à s'en séparer. Ne pouvant obtenir qu'il s'établît avec eux à la campagne, ils l'avaient conjuré d'habiter une petite maison près de leur parc, en l'assurant qu'il y serait parfaitement libre, et qu'ils ne se permettraient jamais d'aller l'y chercher. Il avait cédé à leurs instances : presque tous les jours il venait les voir, s'entretenait quelques momens avec eux, et chaque soir regagnait sa solitude.

Lorsque madame de Limours l'avait supplié de venir passer avec elle le jour de sa fête, elle lui avait simplement annoncé qu'elle réunissait chez elle quelques amis, en ajoutant : « N'êtes-vous pas aussi notre ami ? »

Monsieur de Fargy lui était trop attaché pour refuser de se joindre à ceux qui l'aimaient, et lui offraient des vœux pour sa santé et son bonheur. Cependant, à peine s'était-il trouvé au milieu de tant de monde, qu'il avait résolu de s'échapper, aussitôt qu'il aurait été aperçu par madame de Limours. Mais, dès qu'il eut vu Blanche il ne songea plus à s'en aller : il la regardait, restait; et le lendemain, lorsqu'il apprit qu'elle avait dû connaître madame de Fargy, il se trouva plus à l'aise, et se persuada même que c'était pour parler *d'elle*, qu'il désirait causer avec cette jeune personne.

Depuis son départ pour La Ferté, il s'arrêta plus long-temps chez madame de Limours, dans l'espérance que Blanche y viendrait bientôt. Il attendait ce moment, avec une impatience qui ne lui laissait aucun repos. Il avait passé quatre jours à la voir à toute heure ; et il se représentait sans cesse avec quel tendre intérêt elle le regardait. Malgré lui, il rêvait au bonheur de celui qui obtiendrait sa main, et se sentait agité par la pensée d'une félicité à laquelle il n'osait prétendre. C'est alors qu'il se promit de fuir mademoiselle de Nançai ; mais il voulait la revoir une seule fois. N'avait-il pas besoin de savoir mille détails sur le couvent de Ste.-Élisabeth, où madame de Fargy s'était retirée ? Il voulait connaître ses occupations, s'assurer si elle était, non pas heureuse, mais du moins tranquille ; et Blanche parviendrait peut-être à calmer ses alarmes. C'est ainsi qu'il s'aveuglait sur les sentimens qu'elle lui avait inspirés.

Pendant ce temps, madame de Fargy, toujours occupée de sa jeune amie, ne pouvait s'expliquer son silence. Comme, dans sa dernière lettre, Blanche lui annonçait qu'elle allait chez madame de Limours, et qu'on y préparait des fêtes, elle craignait d'en avoir été un peu oubliée. Elle lui écrivit, mais sans lui faire de reproches; elle savait trop qu'ils affligent plus qu'ils ne ramènent. Elle se borna donc à lui rappeler qu'elle *la chérissait comme sa fille*, et que son souvenir était sa seule consolation.

Lorsque Blanche reçut cette lettre, elle ressentit une peine très-vive. Elle n'avait pas cessé de s'occuper de son amie; mais comment le lui persuader? Le malheur rend si défiant!

Cependant rien n'était plus vrai; et le vrai donne l'espérance d'être cru, quoi qu'on puisse dire : on s'imagine que le premier mot détruira d'injustes soupçons. D'ailleurs, Blanche avait encore les lettres qu'elle lui avait écrites de chez madame de Limours; car elle remettait de jour en jour à les envoyer. Ces lettres seraient une preuve devant laquelle les apparences tomberaient d'elles-mêmes.

Elle les prit pour les relire avant de les cacheter; mais, à chaque ligne, elle eût désiré l'effacer. Il était certain qu'elle affligerait madame de Fargy, si elle lui parlait de son fils. Ensuite, elle jugeait qu'elle avait été bien imprudente, en disant que ce fils paraissait content près de madame de Limours, et semblait prendre plaisir à l'écouter; qu'il oubliait peut-être que sa mère était seule et malheureuse.

Depuis que Blanche savait les circonstances qui avaient amené la liaison de madame de Limours et de monsieur de Fargy, elle trouvait qu'il ne pouvait assez aimer une femme faible, malade, à qui il avait rendu un si grand service, et qui en conservait une si vive reconnaissance. D'ailleurs, de quel droit oser prévenir *une mère contre son fils?* Elle se crut coupable d'en avoir eu la pensée. Si elle ne déchira pas ses lettres, c'est qu'elle se réservait de les montrer à madame de Fargy. Elle sentait que c'est seulement en présence de son amie qu'on peut avouer ses torts : — On voit alors, se disait-elle, l'impression qu'ils produisent; on s'excuse, les yeux interrogent, les ames s'entendent; et quand le sourire paraît, la paix et l'oubli viennent avec lui.

Blanche resserra donc ces lettres, qu'elle ne regardait plus sans éprouver un véritable regret. Elle ne dit même pas à madame de Fargy qu'elle avait rencontré son fils, de peur de lui causer trop d'émotion : elle lui manda uniquement, qu'il lui avait été impossible d'écrire chez madame de Limours, et ne mit que trois lignes pour tracer ces fêtes, ces amusemens, dont le souvenir ne l'intéressait guère. Mais voulant faire plaisir à son amie, elle lui dit qu'elle avait beaucoup entendu parler de monsieur de Fargy, et lui raconta tout ce que madame de Limours leur avait appris des dangers auxquels il s'était exposé pour elle. Pas un mot ne lui avait échappé ; elle écrivait, comme si madame de Limours dictait sa lettre. Les éloges qu'elle lui avait entendu donner à monsieur de Fargy étaient exactement répétés ; l'intérêt qu'il lui inspirait était vivement senti : enfin Blanche n'omit rien de ce qui devait flatter le cœur d'une mère.

Quand elle eut terminé cette lettre, elle alla se promener dans les jardins. Personne ne l'accompagnait, et elle ne s'aperçut pas qu'elle était seule ; n'avait-elle pas ses souvenirs, ses inquiétudes? des impressions qui variaient, suivant sa rêverie? Elle se rappelait son couvent, s'y voyait encore, revenait chez madame de Limours ; et tout cela n'était que la même pensée. Elle eut d'abord une vive émotion, en songeant au plaisir qu'allait avoir madame de Fargy ; bientôt, ce plaisir même lui causa de la tristesse. Qu'une mère doit être malheureuse, se disait-elle, quand séparée de son fils, on lui en apprend une belle action, et qu'elle ne peut lui témoigner combien elle est contente !

Tout en songeant à son amie, elle alla jusqu'à la grille du parc, et vit dans l'avenue monsieur de Limours. Elle l'attendit, et revint avec lui chez sa grand'mère. En chemin, elle demanda des nouvelles de madame de Limours, sans oser faire une seconde question.

Soit qu'il devinât sa pensée, et

voulût y répondre, soit par le sentiment naturel qui porte à parler des gens qu'on voit, il lui dit : « Notre » jeune ami est resté avec ma pauvre » malade : tous deux ont assez de » malheurs, pour s'être devenus né- » cessaires, et se plaire ensemble. » S'apercevant que Blanche l'écoutait avec intérêt, il ajouta : « C'est lors- » qu'on est bien à plaindre soi-même, » qu'on regarde comme un bienfait » du ciel de pouvoir soigner, con- » *soler, enfin donner* aux autres du » bonheur, quand soi-même on n'en » a plus. » — « Madame de Limours, » reprit Blanche, n'est que malade; » et vous êtes si tendrement occupé » d'elle, que ses souffrances ne doi- » vent pas être sans douceur. » — Il répéta en riant : « Elle n'est que ma-

» lade!... Il semblerait à vous en-
» tendre que ce ne soit rien. Bril-
» lante de fraîcheur, de jeunesse,
» vous en parlez bien à votre aise;
» mais savez-vous, Mademoiselle,
» que c'est beaucoup d'être malade!
» Vous apprendrez cela avec l'âge;
» pour aujourd'hui, je crois que vous
» ne comptez que les peines de
» l'ame. » — Blanche s'en défendit; cependant, elle espérait que ces peines de l'ame l'amèneraient à parler de monsieur de Fargy; mais il n'y pensa plus.

Lorsqu'ils entrèrent chez madame de Nançai, monsieur d'Entragues était avec elle; tous deux firent un cri de joie, en voyant monsieur de Limours: « Je viens, leur dit-il,
» vous demander de la part de ma

» femme, quand vous voudrez faire » la bonne œuvre de venir dîner » avec elle? Nous sommes seuls en » ce moment.» — Il regardait monsieur de Fargy, comme faisant partie de sa famille, et ne songea point à le nommer.

Madame de Nançai promit pour la semaine suivante. Ce n'était pas assez; il voulut obtenir qu'elle consentît à passer quelques jours avec eux. — Elle se trouvait bien âgée pour se déplacer *si souvent*. Cependant, monsieur de Limours insista avec tant de grâce, qu'elle s'engagea à lui accorder trois jours: « Mais à propos, » lui dit-elle, car ses *à propos* étaient souvent fort singuliers, « que faites- » vous donc de la triste figure de » monsieur de Fargy? Elle ne doit

» pas égayer madame de Limours. »
— « Il a sûrement de grands chagrins,
» répondit-il; et nous cherchons à
» les adoucir. » — « Ah ! pour les
» grands chagrins, répliqua-t-elle,
» je leur fais ma révérence. Excepté
» ceux qu'on peut soulager avec de
» la fortune, je les fuis comme le
» feu. D'ailleurs, on devrait savoir
» les cacher dans le monde, par
» égard pour ceux qui veulent jouir
» de la vie. »

Blanche souffrait de voir madame de Nançai se montrer si différente de ce qu'elle était réellement; car personne n'avait une bonté de cœur plus prompte, plus facile à émouvoir, une générosité plus active. Mais, comme bien des gens, quand elle n'aimait pas quelqu'un, tout lui en était désagréable ; et lorsqu'une plaisanterie lui venait, elle la soutenait, sans examiner quelle opinion l'on pouvait prendre d'elle. Si elle y eût pensé, elle aurait été bien fâchée qu'on la jugeât, d'après ce qu'elle affectait de paraître dans ce moment.

Monsieur de Limours l'écoutait d'un air assez ironique ; aussi Blanche dit à sa grand'mère : « Maman, si » vous n'étiez pas sensible aux peines » des autres, un air triste ne vous » ferait *pas de mal.* » — « D'abord, » repartit madame de Nançai, je » ne veux pas qu'on me croie sensible ; ce serait me faire un honneur que je ne mérite point ; et ces » caractères mélancoliques me donnent des vapeurs. ». Elle ajouta en riant : « Je n'aime que les égoïstes.

» Dès qu'ils ont un revenu suffisant » pour fournir amplement au néces» saire, pour satisfaire quelquefois à » leurs fantaisies, ils sont contens, » et n'en demandent pas davanta» ge. » — « Mais, Maman, reprit » encore Blanche, vous avez dit, » chez monsieur de Limours, qu'on » n'existait que par ses affections; » qu'il fallait aimer, être aimé, pour » attacher du prix à la vie. » — « Hé » bien! Mademoiselle, j'ai dit une » extravagance; et vous ne devez, » ni vous en souvenir, ni me la rap» peler. » — Quand madame de Nançai nommait sa petite-fille *Mademoiselle*, c'est qu'elle était réellement fâchée.

Monsieur d'Entragues vint au secours de la pauvre Blanche. Il demanda à monsieur de Limours des nouvelles, et la conversation prit une autre tournure. On se moqua un peu de ses amis, puis des indifférens; après on en vint aux personnes considérables sans mérite; bientôt on rit de certains mérites posés, compassés, empesés, qui attendent le respect, s'offensent du silence, et examinent la louange avant de l'agréer.

« Comme, autrefois, on se serait
» diverti de ces gravités importan-
» tes! s'écria monsieur d'Entragues.
» Je vois d'ici Vardes, Nogent, Vi-
» vonne, s'avancer d'un air simple,
» et même un peu nigaud, près d'un
» sot qui pérore et s'admire. Ils l'é-
» coutent, dans un état de recueil-
» lement et de contemplation qui

» encourage sa confiance. Ils entrent » avec ingénuité dans la grande opi- » nion qu'il a de lui-même. Ils se » mettent à l'affût, pour saisir chaque » mot qui lui échappe, se le répè- » tent, s'aident entre eux à le faire » valoir, et l'amènent ainsi, de pro- » pos en propos, à tomber dans un » ridicule parfait qui ravit tout le » monde, et dont lui seul ne se doute » pas... Quels bons contes ils en fai- » saient après ! Un rien, un mou- » vement leur suffisait pour peindre » leur homme. Ils imitaient l'atti- » tude, la voix, le regard : c'était » tout une scène.... En vérité, les » sots sont bien amusans, quand les » gens d'esprit les représentent ! »

« Il faut avouer, dit monsieur de » Limours, que c'est un grand plai-

» sir de railler délicatement et fine-
» ment. » — « Vous avez bien rai-
» son, lui répondit-il : je me souviens
» que, dès ma jeunesse, notre pauvre
» Saint-Evremont que nous appel-
» lions le maître de l'ironie, le met-
» tait déjà au rang des *sciences per-*
» *dues*. Cependant nous en avons
» assez joui. » — « Il me semble,
» repartit madame de Nançai, que
» vous en jouissez bien encore, lors-
» que l'occasion s'en présente, et
» même que vous la faites naître. »
— « Je ne suis pas si heureux! re-
» prit-il en soupirant. J'aperçois
» bien les choses, il est vrai; mais
» il faut être plusieurs pour s'enten-
» dre. La raillerie est une langue à
» part; c'est un véritable don du
» ciel. A présent, quand on se mo-

» que, c'est tout bonnement pour
» dire du mal. On blâme, on veut
» nuire, et voilà tout. Au lieu que
» nous, s'il y avait eu disette de ri-
» dicules, on se serait moqué de soi
» pour s'amuser. La raillerie aujour-
» d'hui est lourde, triste, ennuyeuse.
» Dans le bon temps, elle était vive,
» piquante, légère. On aurait même
» pu la prendre pour une attention,
» une manière de faire valoir quel-
» qu'un; enfin c'était un plaisir bril-
» lant, de bon goût, et que la gaieté
» accompagnait toujours. »

Cette conversation avait fait oublier à madame de Nançai que Blanche lui avait déplu; mais les jeunes personnes se persuadent que l'on pense autant qu'elles à ce qui les occupe. Il leur faut un raccommodement positif, pour qu'elles soient tranquilles. Il n'y a que l'expérience qui apprenne à laisser tomber les choses, sans se défendre ni s'excuser.

Lorsqu'on vint annoncer que le dîner était servi, madame de Nançai se leva pour passer dans la salle à manger. Blanche s'approcha d'elle, et lui dit avec timidité : « Maman, » n'avez-vous pas deviné combien il » m'était pénible de penser que mon- » sieur de Limours ne vous crût pas » aussi *bonne que vous l'êtes?* » A ces mots, sa grand'mère se souvint qu'elle devait être fâchée, et chercha à prendre une contenance froide et imposante. Mais monsieur d'Entragues lui dit : « Allons, faites-vous » bien prier pour pardonner à cette » belle enfant ; vous le désirez au-

» tant qu'elle-même. » Grâce à lui, madame de Nançai se laissa embrasser par sa petite-fille, et le dîner fut fort gai.

Monsieur de Limours, en partant, lui rappela sa promesse de venir voir la pauvre malade. Blanche écoutait avec attention si sa grand'mère prendrait un engagement positif; mais on se disait de belles phrases sans rien arrêter.

Monsieur d'Entragues et madame de Nançai reconduisirent monsieur de Limours jusque sur la terrasse du château. C'était entr'eux force complimens sur le plaisir de se voir, sur l'agrément d'un si bon voisinage. Blanche trouvait tout cela bien vague; elle se mit à côté de monsieur de Limours, et, sans le regarder, sans tourner la tête, elle dit à voix basse : « Faites donc nommer le » jour. » — Il suivit ce bon conseil. Madame de Nançai en choisit un très-prochain. Blanche respira; elle pensait avec joie qu'enfin elle reverrait monsieur de Fargy.

Elle comptait les momens ; et quand sa grand'mère partit pour aller chez madame de Limours, elle se livra au sentiment le plus délicieux. Elle était bien sûre de rendre à son amie le *fils qui lui était* si cher. — Qu'il doit être doux, se disait-elle, de réunir deux cœurs faits pour s'aimer! Comme ils me chériront eux-mêmes, lorsqu'ils jouiront du bonheur de se revoir, de s'entendre, d'être près l'un de l'autre! Le souvenir de la veille, l'espérance du lendemain, tout sera mon ouvrage; et ses yeux se remplissaient de larmes.

Monsieur d'Entragues, qui était en voiture placé vis-à-vis d'elle, la contemplait avec ravissement. Blanche était émue sans être agitée; et la sécurité de l'innocence l'embellissait encore. Cependant, il résolut de lui parler dès qu'il serait de retour chez madame de Nançai; il voulait la mettre en *garde* contre l'amour, lui faire craindre même une amitié trop vive. Il redoutait pour elle toutes les affections qui auraient pu la troubler.

Quel fut le saisissement de *Blanche*, lorsqu'à leur arrivée, madame de Limours s'empressa de dire à madame de Nançai : « Nous serons absolument » seuls. Monsieur de Fargy nous a » quittés ce matin, pour retourner

» dans sa solitude. » — En effet, monsieur de Limours lui avait insinué que cette bonne grand'mère avait une sorte d'éloignement pour lui. Il avait ajouté que les fantaisies d'une très-vieille femme étonnent sans fâcher; qu'il fallait se soumettre à celles de madame de Nançai, et la traiter comme un enfant qu'on voudrait bien gronder, mais qu'on ne peut haïr.

L'absence de monsieur de Fargy détruisit tous les rêves de Blanche; elle eut bien de la peine à cacher son chagrin. Monsieur d'Entragues vit qu'elle pâlissait. Il la surveillait avec la tendresse d'un véritable ami, et arrivait toujours pour la tirer de ses moindres embarras. Dans ce moment, il voulut la soustraire à l'attention de sa grand'mère, à la sur-

prise de madame de Limours; et s'approchant de la fenêtre, il dit avec vivacité : « Mademoiselle, Mademoi-
» selle, venez observer quelque chose
» de fort curieux ! » — Madame de Nançai demanda ce qu'il y avait de si remarquable ? — « Ce n'est, ré-
» pondit-il, qu'un nuage dans le
» ciel, qui produit un effet singu-
» lier. » — Elle le trouva plus enfant que sa petite-fille, et rit beaucoup de la proposition de se déranger, pour un nuage que le moindre zéphyr dissiperait.

Blanche vint à la voix de monsieur d'Entragues, regarda sans intérêt, ne lui parla point, ne l'écoutait pas, et ne songeait qu'à monsieur de Fargy qui la fuyait, et qu'elle trouvait bien ingrat. Elle fut triste le reste de la journée, dormit mal, et le lendemain de très-bonne heure, elle descendit dans le jardin, espérant que le grand air lui ferait du bien. Dans sa rêverie, elle avançait toujours, sans s'apercevoir qu'elle était déjà bien loin du château. Elle arriva ainsi jusqu'à un pavillon qui terminait le parc; il était ouvert : elle monta quelques marches, pour y entrer et se reposer. Le premier objet qui frappa ses regards, fut monsieur de Fargy occupé à dessiner. Elle s'arrêta aussitôt, et, toute troublée, balbutia quelques mots sans suite, à travers lesquels cependant il crut entendre qu'elle était bien aise de le voir.... Il éprouvait aussi une émotion si vive, qu'il lui répondit : « Je ne croyais plus à » d'heureux hasards; et je bénis le

» ciel qui vous a conduite ici. » — Puis tous deux restèrent en silence... Blanche demeurait sur le seuil de cette porte, n'osait pas entrer dans ce pavillon, et n'avait pas le courage de s'en éloigner.

Monsieur de Fargy démêla mieux qu'elle-même sa pensée : il lui demanda si elle voulait continuer sa promenade? si elle lui permettait de la suivre? — « Pourquoi donc, lui » dit-elle, avoir quitté madame de » Limours, quand nous arrivions? » — Sans doute elle croyait que lui faire un reproche c'était répondre.

Il lui avoua que monsieur de Limours l'avait engagé à ne pas se présenter devant madame de Nançai, à qui il n'avait pas le bonheur de plaire.— A ces mots Blanche fit quelques pas, et s'assit sur la chaise la plus près de la porte : elle voulait excuser sa grand'mère, car elle ne pouvait supporter l'idée qu'on la crût injuste.

Monsieur de Fargy avait trop d'usage du monde, pour ne pas savoir qu'il n'était point convenable que Blanche fût seule avec lui dans ce pavillon ; et, sans trop examiner le mouvement qui l'entraînait, il alla s'appuyer contre cette porte, à la place même qu'elle venait de quitter.

Elle retrouvait sa sérénité, en apprenant que ce n'était ni par haine, ni par indifférence, qu'il n'était pas resté chez madame de Limours, lorsqu'elle y était attendue. La paix de son ame rendait à ses yeux toute leur douceur.

« Monsieur de Limours, dit-elle,

» a pris au sérieux quelques plai-
» santeries que ma grand'mère s'est
» permises, sans y attacher aucune
» importance. » — « En quoi donc,
» demanda-t-il d'un air sombre,
» puis-je exciter des plaisanteries
» qu'un ami ait si mal interpré-
» tées? » — « Vous n'avez pas l'air
» heureux, reprit-elle d'une voix
» faible et timide; à l'âge de ma
» grand'mère, on craint tout ce qui
» attriste. » — « Et vous, lui dit-
» il, le malheur vous cause-t-il
» aussi de l'effroi? » — « Non, puis-
» qu'en venant chez madame de Li-
» mours, je vous cherchais; qu'en
» ne vous y trouvant pas, je vous
» regrettais. » — Elle prononça ces
mots avec tant de candeur qu'il n'osa
pas s'y arrêter, ni même paraître les

avoir entendus. « Asseyez-vous près » de moi, continua-t-elle ; que nous » causions tranquillement. Nous » avons bien des choses à nous dire. » — « Si madame de Nançai venait, » répondit-il avec embarras, elle me » blâmerait, j'en suis sûr. » — « Qu'elle » ne vous fasse pas peur, repartit » Blanche en souriant : ses premières » impressions sont quelquefois trop » vives ; mais elle revient si promp- » tement, qu'elles ne servent qu'à » mieux faire connaître sa bonté. » Venez, venez, continua-t-elle, en » lui montrant une chaise près de la » sienne ; je veux être votre amie, » savoir tous vos secrets ; j'ai déjà » souffert avec vous, et pour vous... » — « Oh ! s'écria-t-il, si vous saviez » combien j'ai besoin de vous parler!

» mais madame de Nançai m'inquiè-
» te. Je demeure, il est vrai, dans
» cette petite maison que vous voyez
» d'ici : comme elle est peu agréa-
» ble, monsieur de Limours m'a
» abandonné ce pavillon. La biblio-
» thèque où vous êtes est mon ca-
» binet de travail; j'y passe ma vie; »
et tremblant, il ajouta : « Ce serait
» presque vous recevoir chez moi... »
— Elle se leva aussitôt, en disant :
« C'est bien dommage; nous aurions
» pu causer sans être distraits. »

Ils sortirent ensemble. Monsieur de Fargy pouvait à peine contenir son émotion. Blanche était si paisible, si confiante, qu'il lui suffisait de la voir pour sentir ses chagrins s'apaiser. Un calme enchanteur pénétrait son ame; et il osait croire qu'elle éprouvait aussi un intérêt, sûrement moins vif, mais bien tendre.

Il la conduisit sur une petite colline derrière ce pavillon, et lui fit remarquer toute la contrée qui se découvrait devant eux. « Je ne porte » pas mes regards si loin, lui dit-elle » d'un air plein d'affection. Je suis » ici pour lire dans votre cœur. »

Monsieur de Fargy ne comprenait point, par quel empire cette jeune personne le soumettait malgré sa raison; lui naguère fier, impétueux, qui fuyait la tendresse, et affrontait le malheur. Elle lui annonçait la volonté de connaître des secrets qu'il ne devait point lui dire, et il n'osait résister. Elle s'assit sur l'herbe, lui indiqua une place près d'elle, et il obéit.

« Parlons de mon couvent, re-

» prit-elle ; j'y ai passé des momens
» pénibles, qui cependant n'étaient
» pas sans douceur.... » Tous deux
se regardaient, mais il ne répondait
point.... Elle continua : « J'y ai une
» amie qui n'a de recours qu'en Dieu!
» ses jours se passent en prière, ou
» dans les larmes..... Habituée, je
» crois, à une grande fortune, elle
» ne sait ni ce qu'elle avait, ni ce
» qui lui manque..... Elle souffre,
» pleure, et ne se plaint pas.... Une
» humble cellule est tout ce qu'elle
» possède; dans cette retraite, il n'y
» a qu'un prie-Dieu, et le portrait
» de son fils... » — A ces mots, monsieur de Fargy cacha sa tête dans ses mains; Blanche crut l'entendre étouffer des sanglots.... Elle écouta attentivement ; il ne parlait point,... ne

la regardait plus... Elle ajouta : « Ma
» pauvre amie ne veut voir personne..... Moi-même, je n'aurais
» pas obtenu de préférence : mais,
» un jour qu'elle s'était trouvée mal
» à l'église, elle eut besoin d'appui;
» je la secourus, la reconduisis chez
» elle.... En entrant dans sa cellule,
» le portrait de son fils attira mes
» regards.... Il a l'air triste, malheureux; j'en fus touchée; sa mère
» s'en aperçut, et elle m'aima.....
» Elle me dit, en me montrant le
» prie-Dieu, le portrait : *Dieu et
» lui ! voilà tout ce qui reste à mon
» cœur.* »

Monsieur de Fargy s'éloigna en s'écriant : « Je ne puis supporter les
» angoisses que j'éprouve. » — Blanche le rappela, et il s'arrêta malgré

lui..... Elle le conjura de revenir près d'elle..... et il revint.

« Ma pauvre amie, continua-» t-elle, est bien malheureuse! » Entraînée par un mouvement involontaire, elle joignit ses mains, semblait lui demander grâce, et répéta: « Bien malheureuse!.... Ne pour-» rions-nous pas la consoler? — » Nous! la consoler, s'écria-t-il en » frémissant!.... » Puis il s'efforça de se remettre, et lui dit: « C'est » impossible.... tous nos liens sont » brisés..... madame de Fargy peut » seule vous apprendre...... » — « Et » pourquoi, repartit Blanche d'un » air affligé, pourquoi ne lui don-» nez-vous plus le nom de mère? Je » l'appelle ma mère, moi! et ce nom » si cher nous satisfait toutes deux. »

— « Dieu, mon Dieu, s'écria-t-il, » redites encore qu'elle vous nomme » sa fille.... » — « Oui; mais répondez-moi, l'aimez-vous toujours? » — « Si je l'aime! reprit-il; c'est le » constant objet de ma vénération, » de mes éternels regrets. » — « Hé » bien! lui dit Blanche, mettons-» nous à genoux, et promettez à Dieu » que, lorsque je serai retournée près » d'elle, vous viendrez la chercher... » une voix intérieure m'assure que » j'unirai votre main à la sienne, et » que cet instant sera le plus doux » de ma vie. »

Un feu sombre, une sorte de terreur, remplissaient les yeux de monsieur de Fargy. Il dit d'une voix basse : « Apprenez qu'un serment » irrévocable nous sépare; mais les

» vœux que je ne cesse de faire pour » elle sont exaucés; Dieu lui accorde » plus qu'elle n'a perdu! redites en- » core qu'elle vous nomme sa fille... » — « Oui. » — Il se leva, et d'une voix ardente il ajouta : « Que le ciel » l'entende, et qu'il vous bénisse! » Vous m'êtes également chères. » — Il se mit à fuir; car il n'était plus maître, ni de son ame, ni de son secret. Blanche le rappela, mais en vain; elle restait immobile, étonnée du serrement de cœur qu'elle éprouvait.

Cependant, bientôt elle le vit reparaître; ce n'était plus le même homme; aucun trouble ne paraissait l'agiter, mais une pâleur mortelle couvrait son visage. Elle lui montra la place où il s'était assis... Il n'eut pas

l'air de la comprendre, et mesurant chacune de ses paroles, il lui dit : « Vous êtes restée bien long-temps...
» on peut être inquiet de vous.....
» retournez près des vôtres..... et
» soyez heureuse. » — « Ah ! reprit-
» elle, jamais heureuse, tant que
» votre mère et vous..... » — Il l'interrompit : « Soyez contente de
» votre pouvoir; je lui écrirai. Si de-
» main vous voulez venir ici, vous
» trouverez une lettre que vous lui
» remettrez, quand vous la ver-
» rez...... » Il répéta deux fois : « Quand vous la verrez. — Je désire
» qu'elle ne la lise point, avant que
» votre présence ne la lui rende
» moins pénible..... Croyez que je
» conserverai de vous un souvenir
» ineffaçable. »

Blanche devina qu'il voulait l'éviter; elle n'y pouvait consentir. Déjà, se disait-elle, j'ai obtenu qu'il lui écrirait, c'est beaucoup. Mais, si je lui parle encore, peut-être apprendrai-je quel malheur est venu se placer entre eux; peut-être les amènerai-je à se revoir; et elle lui demanda du ton de la prière : « Cette lettre, » vous me la donnerez vous-même? » — Il garda le silence. Alors tout émue, elle lui dit : « De quel droit » bouleversez-vous mon ame ? Pour- » quoi répondez-vous aux soins que » j'ai eus de votre mère, à l'affec- » tion que j'avais pour vous, par un » éloignement impardonnable ? » — Il leva au ciel des yeux remplis de douleur; en les baissant, il vit le visage de Blanche couvert de larmes.

Il frémissait, et semblait vouloir se rappeler à lui-même le funeste mystère qui influait sur toute sa vie. Hors de lui il s'écria : « Je ne dois rien » aimer ; je dois craindre même d'ê- » tre aimé ! » — Elle tremblait, ne pouvait plus respirer. « Que je vous » revoie une seule fois ! lui dit-elle ; » sans quoi cet affreux désespoir, » que j'aperçois au fond de votre » ame, me poursuivra toujours ; je » n'aurai plus un moment de repos. » — Il avoua qu'il avait eu l'intention de ne plus revenir. « Cependant, » ajouta-t-il, si vous l'exigez, de- » main je vous dirai un éternel adieu. » Mais aujourd'hui, par pitié, retour- » nez près des amis de votre jeu- » nesse ; ce monde cruel et frivole » ne peut juger ni votre cœur ni le

» mien. » — Il s'éloigna, s'arrêta à quelque distance, et d'un air suppliant, lui montra le chemin qu'elle devait reprendre. — Blanche le regarda, obéit à son tour, et regagna lentement le château.

Elle en approchait, lorsque monsieur de Limours accourut au-devant d'elle. « Madame de Nançai ne » sait ce que vous êtes devenue, s'é- » cria-t-il; elle a envoyé vingt fois » chez ma femme vous demander. » Madame de Limours a répondu » que j'étais sans doute sorti avec » vous, pour vous faire voir le parc. » Venez, en rentrant ensemble elle » le croira; et je suis bien sûr que » son humeur tombera uniquement » sur moi. — Il est donc bien ex- » traordinaire, repartit Blanche, de

» se promener à la campagne? — » Non; mais se plaire à être seule, » paraît à votre âge assez singulier. » — Blanche savait trop qu'elle n'avait pas été seule, et ne répliqua point.

Lorsqu'ils entrèrent dans le salon, madame de Nançai était près de madame de Limours. Elle parfilait; et, sans jeter les yeux sur Blanche, elle dit à monsieur de Limours : « Une » autre fois je vous prierai, Mon» sieur, de me faire demander, s'il » me convient que ma petite-fille se » promène si long-temps, et de si » grand matin. » — Blanche prit la parole, et répondit : « J'étais souf» frante depuis hier; je n'avais pas » dormi; vous n'étiez pas encore » éveillée; je ne doutais pas, Ma» man, de votre permission. Espé-

» rant que le grand air me ferait du » bien, je suis sortie seule, et mon» sieur de Limours ne m'a rejointe, » qu'au moment où je revenais au » château. »

« Vous étiez souffrante ? » reprit madame de Nançai, en la regardant pour la première fois. Son humeur fit bientôt place à l'inquiétude : « En » effet, je ne vous ai jamais vue si » pâle! qu'avez-vous donc, mon en» fant ? » — Blanche assura qu'elle était mieux. — Sa grand'mère n'en voulait rien croire ; c'étaient des questions sans fin, des soins qui mettaient la pauvre Blanche au supplice.... « Vous avez marché trop long» temps..... vous n'avez rien pris » depuis ce matin.... c'est peut-être » heureux, car la diète est toujours

» utile.... Peut-être aussi que vous » auriez besoin de prendre quelque » chose....» Toutes les idées les plus contraires lui venaient à la fois, et la troublaient également.

Madame de Limours observa qu'il était près de midi, qu'on allait servir le dîner, et que mademoiselle de Nançai ferait mieux d'attendre un quart-d'heure. — Sa grand'mère haussa les épaules. La patience ni la raison n'étaient *pas à son usage ; attendre* lui avait toujours paru insupportable. D'ailleurs, consulter la pendule pour savoir si c'était l'heure ordinaire de se mettre à table, lui semblait de l'indifférence. « Vous » pensez donc, Madame, lui dit-elle, » que le même instant doit marquer

» le repas des malades et de ceux
» qui se portent bien ? »

Personne ne lui répondit ; elle ne s'en aperçut pas, et pria Blanche de s'approcher. Elle la considéra avec attention, observa que ses yeux étaient rouges, et dit qu'il avait fait un vent affreux. « J'ai vu le temps,
» ajouta-t-elle, où l'on ne sortait ja-
» mais sans un masque de velours ;
» cela conservait le teint : mais au-
» jourd'hui demandez ces précau-
» tions aux jeunes personnes ? elles
» riront. » Elle prit la main de sa petite-fille, lui trouva trop de chaleur..... toucha son front ; il était brûlant..... et ses questions recommencèrent.

Blanche se disait intérieurement que si elle ne la rassurait pas, il lui serait impossible de lui échapper le lendemain, et d'aller chercher la lettre que monsieur de Fargy avait promis d'écrire à sa mère. Elle prétendit que l'exercice lui avait fait beaucoup de bien, et *qu'elle dînerait* avec plaisir.

Madame de Limours sonna pour qu'on servît; mais à dîner Blanche n'avait aucun appétit; sa grand'mère la gênait par une surveillance continuelle. Blanche s'efforçait de manger *sans avoir faim, de montrer* de la gaieté, quand elle avait plutôt envie de pleurer. Madame de Nançai prenait son air triste, abattu, pour les annonces d'une maladie prochaine.

Le soir il ne fallut songer qu'à ce qui plaisait à Blanche; mais rien ne lui plaisait. « Mon enfant, désirez-

» vous faire un reversi? — Comme » vous voudrez, Maman. — Aime- » riez-vous mieux jouer du clave- » cin? — Si cela vous amuse. — » Voudriez-vous chanter? » — Blanche, fatiguée d'avoir toujours à parler d'elle, et de n'oser dire sa pensée, chercha à s'accompagner. Après avoir préludé, son cœur était si serré qu'elle n'avait plus de voix, aucun son ne lui venait; et elle dit, sans y faire attention, qu'elle souffrait un peu de la poitrine.

« De la poitrine! » répéta madame de Nançai consternée. Elle avait vu mourir son fils, sa belle-fille, de cette cruelle maladie, et elle crut leur unique enfant menacé du même sort. Elle se plaça devant Blanche, ne la perdit plus de vue, examinait si elle respirait difficilement, suivait son regard, et, en silence, priait le ciel de la préserver d'un si grand malheur.

Monsieur d'Entragues pénétra tout ce qui se passait dans son ame. Il en eut pitié, s'approcha d'elle, et lui dit: « Votre tête va un train qui vous fait » bien du mal. Vous finiriez par per» suader à Mademoiselle qu'elle est » malade, tandis qu'elle n'a peut» être que des vapeurs. Souvent les » jeunes personnes sont tristes, sans » savoir pourquoi. Jouez comme à » votre ordinaire; ne vous occupez » plus d'elle, et vous la verrez re» prendre sa gaieté. » — Madame de Nançai se fâcha contre lui; c'était ce qu'il voulait. — Elle s'écria que depuis plus de quarante ans il la rendait malheureuse; qu'elle ne concevait

pas, comment des caractères si opposés avaient pu se supporter, pendant tant d'années. — Il riait, et repartit : « C'est que vous avez bien
» quelques bonnes qualités dont
» vous ne vous doutez pas. Mais
» moi, votre souffre-douleur, que de
» plaintes j'aurais à faire! Cepen-
» dant, ajouta-t-il, en se tournant
» vers Blanche, Mademoiselle, une
» amitié malheureuse qui dure qua-
» rante ans est une bien bonne
» chose. »

Madame de Limours jugea que son intention était de distraire madame de Nançai, et se mêla également de la gronder. Blanche dit aussi qu'elle était bien, très-bien en arrivant dans le salon, et que sa grand'mère ayant paru fâchée, cela l'avait troublée. Ils la querellaient tous, et ne rassuraient pas son cœur ; mais elle n'osa plus montrer son inquiétude. Pauvre vieille femme ! à qui on n'accordait pas que le souvenir des enfans qu'elle avait perdus pût excuser ses craintes !

On continua de la plaisanter sur ses terreurs imaginaires. Monsieur d'Entragues en raconta des traits qui étaient vraiment risibles, quoiqu'ils dussent prouver son extrême bonté ; elle s'en amusait aussi. Blanche n'étant plus contrainte, retrouva assez de calme pour écouter ces histoires ; quand une était finie elle en demandait une nouvelle : et, toujours grâce à monsieur d'Entragues, la tranquillité se rétablit.

Blanche passa la nuit sans sommeil. Elle craignait de sortir, et vou-

lait pourtant aller chercher la lettre qu'elle devait porter à madame de Fargy. Elle se leva avec le jour, entra bien doucement chez sa grand'-mère, vit qu'elle dormait, retourna dans sa chambre qui tenait à celle de madame de Nançai, et lui écrivit : « Ma bonne maman, je suis à mer-
» veille. Il fait un temps superbe qui
» me donne envie de me promener;
» j'étais venue pour vous en deman-
» der la permission : vous reposiez,
» j'ai baisé votre main; et, accou-
» tumée à croire que mes moindres
» désirs vous sont agréables, je vais
» jouir de ce beau jour. »

Elle posa cette petite lettre sur le lit de sa grand'mère, et revint chez elle. Il était de si bonne heure, qu'elle craignait que monsieur de Fargy ne fût pas encore dans le parc. Cependant elle n'avait pas une minute à perdre ; car madame de Nançai s'éveillerait peut-être et la retiendrait près d'elle. S'il n'y est pas, se disait Blanche tristement, je ne pourrai point l'attendre, et il me faudra aussitôt retourner. Tout-à-coup, elle imagina d'emporter le dessin où elle l'avait représenté aux pieds de sa mère. Quand il viendra, continua-t-elle, du moins il le trouvera à la place *où nous étions*..... Et de peur qu'il ne se trompât sur l'intention de ce dessin, elle écrivit au bas : « Ouvrage de Blanche : qu'elle serait heureuse de les réunir ! »

Toutes ces réflexions faites, toutes ces précautions prises, elle s'en alla, et courut si vite, qu'en arrivant elle pouvait à peine respirer. Monsieur de Fargy était là depuis long-temps. Il n'osait pas croire qu'elle vînt à cette heure; aussi fut-il vivement ému en la voyant. La course, le grand air, avaient rendu Blanche plus belle; et la tendre pitié qui l'animait, ajoutait un charme de plus à sa beauté. Il la contemplait avec ravissement; reprenant aussitôt son empire sur lui-même, il lui dit d'un ton grave: « Voilà cette lettre que vous m'a-» vez demandée. J'en espère peu; » cependant j'ai voulu me soumettre » à votre volonté. »

Elle prit la lettre, avec un sentiment de joie dont il fut touché. « J'ai un présent à vous faire, ré-» pondit-elle; mais avant de le voir, » il faut que vous promettiez de le

» conserver avec un respect religieux, » et de le regarder chaque matin. » — « C'est sans doute le portrait de » madame de Fargy? » reprit-il; car son cœur devinait celui de Blanche. — « Oui, lui dit-elle d'un air doux » et tendre, et c'est le vôtre aussi; » c'est moi qui les ai dessinés. »

Le portrait de madame de Fargy, le sien, dessinés par Blanche, étaient des biens si chers, si inattendus, qu'il resta saisi sans pouvoir prononcer une parole. Il tremblait... « Ne » vous fâchez pas, continua-t-elle » avec timidité, car vos regards sé» vères m'ont souvent fait peur. » — Hélas! dans ce moment il était plus craintif qu'elle. Blanche tenait son papier sans oser le dérouler; elle semblait inquiète, et ajouta :

« Dans le tableau que j'ai copié, » vous paraissez malheureux. Cela » me faisait de la peine; et, à mon » insu, en travaillant, je vous ai » donné un air satisfait que vous » aurez un jour, je l'espère. Sans » cette espérance, ma pauvre amie » et moi nous serions bien tristes... » Elle lui montra enfin ce dessin, lui en expliqua le sujet : « Je vous ai » placé à ses pieds, sur un petit ta- » bouret qui est toujours devant » elle...; c'est la place que j'ai choi- » sie pour moi...; je m'y assieds, et » j'y passe des heures entières à la » consoler....; c'est la place où je » désire vous voir. » A ces mots il tomba à genoux devant elle; il sentait son secret près de lui échapper...; il la regardait comme s'il allait lui parler, puis il s'arrêtait...; aussi émue que lui, elle attendait sans respirer.... « Ah! disait-il, si l'avenir » s'offrait à moi tel que je l'espérais » dans les premières années de ma » jeunesse!... Mais il ne m'est plus » permis d'associer cet ange à mon » sort..... » — Blanche l'écoutait, épouvantée. — « Je souffre, s'écria- » t-il; je souffre des angoisses que » je ne puis supporter.... Oubliez- » moi, je vous en conjure! » — « *Jamais*, » reprit-elle tout en larmes. — A l'instant, un rayon de bonheur vint éclairer les traits de cet infortuné. « Elle ne sait pas ce qu'elle » promet, ni à quoi elle s'engage, » dit-il; n'importe, le souvenir de » ce moment me restera toujours. »

Blanche était glacée d'effroi. Il reprit : « Vous pouvez m'accorder une » seule consolation..... Ce portrait » que vous me donnez, vous ne » l'auriez plus!.... daignez le gar- » der...» — Il se reprochait d'abuser de son innocente affection, de tromper sa confiance ; mais il était lui-même entraîné, sans pouvoir résister. Tout son cœur tressaillait, à la seule pensée que Blanche conserverait son portrait, et qu'elle le tiendrait de lui ; il la suppliait d'une voix tremblante... Elle n'avait pas la force de lui répondre ; elle ne savait comment traiter cet esprit malade ; elle ne savait même plus si elle existait encore. « Je le vois, continua-t-il avec une » douleur profonde ; je le vois, vous » me refusez cette grâce dernière, » et vous devez me la refuser.....

» Cependant, si vous eussiez cédé à
» ma prière, vous auriez adouci tou-
» tes mes peines. » — « Si j'osais le
» croire! » dit Blanche hors d'elle-même. — Il retomba à ses pieds en s'écriant : *« C'est assez*, je serai pré-
» sent à votre pensée, à vos regards.
» Je vais loin de vous consumer ma
» vie ; mais du moins, vos yeux
» rencontreront quelquefois ce por-
» trait! » Il prit sa main, la pressa contre son front brûlant, et dit bien bas : *« Adieu pour jamais! »* — Aussitôt il la quitta, en se reprochant de n'avoir pas été plus maître de lui, de n'avoir pas su mieux cacher un sentiment qui ne pouvait avoir que des suites funestes.

Blanche le voyait s'éloigner, sans oser le rappeler. Le cœur de la pauvre enfant était brisé ; elle demeurait éperdue à la place où il l'avait laissée; une terreur affreuse s'emparait de son ame.—Qui le sauvera de lui-même ? se disait-elle. —Elle se le représentait près de succomber à son désespoir. Debout , appuyée contre un arbre , les yeux fixés sur le sentier qu'il avait pris , elle eût moins souffert, si de loin elle eût pu l'apercevoir. Mais elle regardait en vain; il ne revenait pas. Dans sa douleur, elle s'adresse au ciel, et dit : « Mon Dieu ! ayez » pitié de sa mère, et protégez-le ! » — Ah ! que la prière est plus fervente, lorsque, dans sa peine, on ne voit rien entre le ciel et soi !.... En baissant les yeux, elle remarque qu'elle tient encore ce dessin.... Elle lui à promis de le garder, et elle sent qu'il lui est devenu bien cher.

Madame de Nançai en s'éveillant avait lu le billet de Blanche. Ne pas la voir, ne pas s'assurer si elle a retrouvé sa fraîcheur, sa gaieté, la contrarie, et dès qu'elle est contrariée, elle se croit malheureuse. Elle envoie ses femmes, ses gens, prier monsieur d'Entragues de passer chez elle. Ils arrivent tous les uns après les autres.... Tant d'empressement ne l'étonne, ni ne l'inquiète; car il est accoutumé à ses impatiences. Il s'y soumettait pour l'ordinaire, mais à loisir; il se fit donc assez attendre. Aussi, lorsqu'elle le vit, elle commença par le gronder, puis le supplia d'aller lui chercher Blanche. Il veut voir le petit mot qu'elle a écrit à sa grand'mère; il le trouve aimable, naturel, et ne conçoit pas qu'elle puisse s'en tourmenter.

Cependant, accoutumé à céder aux fantaisies de sa vieille amie, il part, ne sachant pas trop comment, dans ce grand parc, il rejoindra une jeune personne qui assurément court plus vite que lui. En s'en allant, il dit : « Blanche a raison, il fait beau ; » cela me fera prendre l'air. » — « C'est fort intéressant ! » lui crie madame de Nançai, « songez plutôt » à vous presser ; je ne vis pas sans » elle. » Il lui jette un regard de compassion, et se met à rire, de se voir également dérangé par ces deux âges si différens..

En chemin, il demandait tranquillement à tous ceux qu'il rencontrait, si l'on savait où était mademoiselle de Nançai ? — Par hasard, un jardinier lui indiqua le pavillon. En s'y rendant, il l'aperçut de loin : elle était seule, appuyée contre cet arbre ; ses mains étaient jointes, ses yeux *levés* au ciel ; elle priait avec ferveur , et il trembla pour elle, sans savoir ce qu'elle avait à craindre. Voulant éviter de la surprendre, de l'effrayer , il toussa, essaya de chanter ; mais sa voix affaiblie ne parvint pas jusqu'à elle. Il agita les arbres, *elle n'entendit* rien. Il approcha tout près d'elle, et elle ne le vit point venir. Enfin il lui parla : sa présence ne la troubla point ; elle était trop absorbée. « Madame de Nançai vous » demande, » lui dit-il. — Elle prit le chemin du château sans résistance, sans regret apparent, mais sans lui répondre.

« Savez-vous, continua-t-il, que » de si bonne heure, en prière, » vous aviez tout-à-fait l'air d'une » vraie quiétiste, animée du pur » amour ? » — Ce mot d'amour la fit tressaillir. Mais ce sentiment ne laissa pas plus de trace qu'une lueur fugitive. Hier encore, elle était si calme ; et ce matin même en sortant, cette mère désolée occupait autant son cœur que le souvenir de cet infortuné. Cependant elle reprit en soupirant : « Bien pur ! » — « Oui, s'écria-t-il ; mais moi qui » suis un profane, j'aime mieux » voir la jeunesse étourdie, que trop » tendre ; et je veux enlever votre

» ame à ces contemplations qui ont » leur danger ! » — « Leur dan- » ger ! répondit-elle : ah ! dites plu- » tôt leurs peines. » — « Hé, Ma- » demoiselle, à votre avis, les peines » *ne sont-elles* pas bonnes à évi- » ter ? » — Blanche sentit que ce n'était pas monsieur d'Entragues qui pouvait la comprendre ; une voix secrète lui nommait celui qui l'aurait devinée.

Madame de Nançai reçut Blanche *avec ces mêmes élans* de tendresse, auxquels elle aurait pu se livrer après une longue absence : elle l'embrassait, lui demandait vingt fois de ses nouvelles, sans attendre de réponse. Tant de bonté ajoutait à l'émotion de Blanche ; et monsieur d'Entragues, touché malgré lui, trouvait pourtant que sa vieille amie n'avait pas un grain de raison. Elle se moqua de sa belle indifférence. « Demandez à ma » petite-fille, lui dit-elle en riant, si » elle voudrait d'une amitié apa- » thique comme la vôtre? Je vous » l'ai déjà *signifié* : vous êtes telle- » ment impassible, que vous devriez » annoncer quand vous avez de l'hu- » meur, car on n'en sait rien; avertir » quand vous êtes content, car on » ne le voit guère..... — Et après » tout cela, répondit-il, passez- » vous de moi si vous le pouvez. »

Madame de Nançai était transportée de joie, parce qu'elle revoyait à Blanche ce teint de roses qu'elle avait ordinairement, et que la pauvre petite ne devait alors qu'à la promenade, et à la fraîcheur du matin.

Aussi à peine eut-elle été quelque temps chez madame de Nançai, que cette bonne grand'mère recommença à s'inquiéter; elle lui trouva l'air abattu, lui demanda si elle avait toujours mal à la poitrine ? Blanche la rassura; mais, sentant qu'elle n'avait pas la force de cacher les émotions trop vives qui agitaient encore son cœur, elle demanda la permission d'aller faire sa toilette pour dîner : « Tout » ce que vous voudrez, mon enfant, » *répondit sa grand'mère* ; quand » vous êtes malade, c'est vous qui » êtes la maîtresse. » — « Bien » pensé! judicieusement parlé ! re- » partit monsieur d'Entragues ; on » ne peut pas montrer plus de pru- » dence. » Ils recommencèrent à disputer tout en badinant; et Blanche se retira.

Dès qu'elle fut rentrée chez elle, on lui remit une lettre de la supérieure de son couvent. Quel fut son effroi, lorsqu'elle apprit que madame de Fargy était trop souffrante pour pouvoir lui écrire ! — C'est ce profond chagrin qui use ses forces et son courage, se disait Blanche !.... Combien elle regrettait d'être loin d'elle !... Et son malheureux fils, qui lui apprendra que sa mère est malade ? Comme elle souhaitait de le revoir, ne fût-ce qu'un seul instant!...... Mais il est parti pour toujours! — Les plus cruelles pensées déchiraient son cœur ; elle restait livrée à sa douleur, à ses craintes.

Lorsqu'elle entendit sonner le dîner, elle s'habilla à la hâte, et revint chez sa grand'mère.

Madame de Nançai fut frappée de l'extrême changement de sa petite-fille : « Qu'avez-vous donc ? lui dit-» elle, en lui tendant les bras. » — « Rien, Maman ; mais ma tête est » pesante, j'ai besoin de repos. Si » vous le permettiez, je ne me met-» trais pas à table ; et vous me trou-» veriez dans le salon, aussitôt après » votre dîner. »

Madame de Nançai considérait sa petite-fille ; elle cherchait dans ses yeux, si elle n'était pas plus malade qu'elle ne voulait l'avouer. « La peur » de m'affliger vous engage peut-» être à me dissimuler votre état, » lui dit-elle toute tremblante. —

Monsieur d'Entragues s'écria : « Comme vous aimez à vous tourmenter
» vous-même ! Ne vous ai-je pas
» vue, Madame, rester souvent chez
» vous pour quelque légère migraine ? » — « Bel exemple ! reprit-
» elle ; je ne me plaignais jamais de
» la migraine, que pour cacher mon
» humeur ou mes chagrins ; et Blanche n'a ni chagrins ni humeur. »

En prononçant ces mots, elle pressa sa petite-fille contre son cœur. La pauvre Blanche aurait eu besoin de parler de l'inquiétude que lui causait madame de Fargy ; mais la crainte de déplaire à sa grand'mère arrêta sa confiance. Elle lui dit encore qu'elle souffrait si peu, que, si cela lui était le moins du monde agréable, elle descendrait avec elle. Cette complaisance suffit pour rassurer madame de Nançai. Elle lui recommanda d'essayer de dormir, et sortit avec monsieur d'Entragues.

Blanche demeura livrée aux fantômes que lui créaient une imagination trop vive et une ame bien tendre. Elle voyait déjà madame de Fargy, décliner, mourir; et son fils, apprendre qu'elle n'est plus, sans avoir obtenu d'elle un mot de réconciliation, sans que ce dernier moment lui laissât un éternel souvenir d'affection et de paix. Elle s'abandonna tellement à ces images terribles, que, lorsqu'elle rentra dans le salon, elle n'était vraiment plus reconnaissable.

Madame de Limours et monsieur d'Entragues, avaient passé le temps de son absence à tranquilliser madame de Nançai. Ils lui répétaient, combien il était nécessaire de ne pas donner d'importance à ces accès de mélancolie, auxquels les jeunes personnes sont sujettes. Mais quand Blanche parut, ils furent frappés de son extrême pâleur; ses yeux étaient éteints, et elle avait l'air si faible que monsieur de Limours s'empressa de lui offrir un fauteuil.

Ce n'était pas assez pour sa grand'-mère : elle voulut la faire coucher sur un canapé, se plaça près d'elle, prit sa main brûlante, et s'écria qu'elle avait de la fièvre. Blanche s'efforçait de lui sourire; mais ce sourire triste et doux, loin de consoler sa grand'mère, l'affligeait. Blanche pria monsieur d'Entragues de raconter une histoire; il ne lui en venait point. La nuit approchait ; et il n'y avait plus dans le salon qu'un demi-jour, qui contribuait à jeter dans tous les esprits une sorte de terreur. Peu à peu, on tomba dans un silence que personne n'avait envie de rompre. Blanche toute à ses pensées se disait : — Peut-être qu'à cette heure même, ma pauvre amie est aussi entourée des religieuses de mon couvent, qui, à genoux à côté de son lit, attendent en prière qu'un soupir, une plainte leur apprenne qu'elle existe encore!...

Dans son effroi, elle ne peut supporter l'obscurité qui l'environne; elle demande des lumières..... Monsieur de Limours en fit aussitôt apporter, et l'on s'efforça de parler de choses indifférentes. Madame de Nançai ne prit aucune part à la conversation : tout entière à sa petite-fille, elle ne la perdait pas de vue ; elle suivait avec anxiété tous ses mouvemens : que n'aurait-elle pas donné pour lui voir un désir, une fantaisie qu'elle eût pu satisfaire !

Pendant ce temps, monsieur de Fargy se désespérait d'avoir quitté mademoiselle de Nançai, en prononçant cet « adieu pour jamais, » qui ne lui laissait plus qu'un avenir de malheurs. Dès que la nuit fut arrivée, il s'approcha du château pour essayer de l'apercevoir encore. Que devint-il, lorsqu'à travers les fenêtres, il la vit couchée sur un canapé, sa grand'mère près d'elle, tenant sa main dans les siennes, monsieur d'Entragues, madame de Limours, son mari placés assez loin les uns des autres, et uniquement occupés de cette jeune personne, sur qui tous les regards se portaient!

Un froid mortel gagna son cœur; il ne fut plus maître de lui, et entra dans le salon. Tous ses traits étaient décomposés; ses yeux égarés interrogeaient tous les yeux. Madame de Limours, surprise de cette arrivée imprévue, ne songea point à lui parler. Monsieur de Limours, craignant que sa présence ne fût désagréable à madame de Nançai, ne lui dit rien non plus. Monsieur d'Entragues resta à sa place, sans prononcer une parole. Cette apparition subite l'avait frappé; il se persuada qu'il y avait certainement, entre Blanche et ce jeune homme, plus de confiance qu'on ne l'imaginait : tous deux souffraient, tous deux étaient si changés! l'étaient le même jour, en même temps! Il fut trop convaincu de l'émotion qu'elle éprouvait, lorsqu'il la vit rougir, se ranimer, et qu'elle salua monsieur de Fargy d'un air doux et content.

Il ne se trompait point sur les impressions de Blanche ; car elle était réellement bien heureuse, de pouvoir apprendre à monsieur de Fargy que ses devoirs le rappelaient près de sa mère. Il avait paru, et toutes les idées sinistres de Blanche s'étaient dissipées ; le calme, l'espérance entraient dans son ame. Elle allait même jusqu'à se flatter que l'indisposition de madame de Fargy était légère ; qu'elle servirait à la réunir à son fils, et que cette circonstance finirait sans doute par être un bonheur.

Monsieur de Fargy ne concevait pas comment il était près de Blanche, qu'il avait cru ne jamais revoir.... Il demeurait debout au milieu du salon, attaché à la considérer, et ne parlant lui-même à personne, sans remarquer que personne ne lui parlait.

Madame de Nançai fut étonnée de la froideur qu'on lui témoignait. Désirant faire plaisir à Blanche, elle voulut avoir une attention pour le fils de l'amie qu'elle savait lui être si chère. Elle se tourna donc vivement vers lui, et lui dit avec bonté : « Je » suis bien aise de vous voir, Mon- » sieur. » — Il la salua avec respect et en silence. — On se regardait, sans pouvoir comprendre le motif de cette bienveillance inattendue; il n'y avait que monsieur d'Entragues que rien ne surprenait de la part de son amie.

Elle continua : « Vous nous voyez, » Monsieur, bién tourmentés ; ma » pauvre enfant est malade. » — Il tremblait, et attendait qu'elle s'expliquât davantage. — « Non, non, » reprit Blanche, qui ne voulait pas ajouter à la mélancolie de cet infortuné; « ma promenade ce matin m'a» vait accablée ; j'étais triste, à pré» sent je suis mieux. »

« Je le souhaite, » repartit madame de Nançai, en secouant la tête; puis elle s'adressa à monsieur de Fargy, et ajouta : « Elle est rentrée » si pâle, si abattue, que je croyais » toujours qu'elle allait pleurer. » —

Il l'écoutait en frémissant, et ne pouvait répondre un mot. Madame de Nançai lui trouva un air si ému, qu'elle en fut attendrie. Dans ce moment, qu'il lui paraissait bien selon son cœur! qu'il comprenait bien son inquiétude! Elle se leva, et s'avançant près de lui, elle dit bien bas : « Vous êtes sensible vous! au lieu » que ceux-là, avec leur froide rai» son, la laisseront mourir, pendant » qu'ils seront encore à examiner si » elle est véritablement malade. » — « Mourir, Madame! reprit-il épou» vanté. » — « Oui; mais vous êtes » trop jeune pour prévoir de sem» blables malheurs. J'ai vu mourir, » moi! j'ai perdu mes enfans! » Et de grosses larmes coulaient sur son visage : « Ah! dit-elle en soupirant,

» que de deuils ont marqué ma lon-
» gue carrière ! »

A ces mots, monsieur de Fargy, frappé d'une secrète terreur, porta ses yeux sur Blanche, et les leva vers le ciel. Madame de Nançai s'aperçut bien qu'il partageait ses impressions, et lui dit : « Que je vous aime ! car
» vous m'entendez; vous ne disputez
» rien à ma peine; je ne l'oublierai
» jamais. » — Blanche, les voyant causer, jugea à leurs traits, à leurs regards, du sentiment qui les occupait. Elle quitta son canapé pour venir auprès d'eux.

Monsieur d'Entragues observa encore ce mouvement : tout le confirmait dans l'idée que monsieur de Fargy n'était pas étranger au trouble de Blanche. D'ailleurs, disait-il en lui-même, ces caractères mélancoliques ont un si grand empire sur les ames tendres ! Ils sont bien heureux avec leur langueur.... Moi, qui n'avais pas reçu de la nature une de ces belles têtes à la manière noire, quand, dans ma jeunesse, je parlais de mon amour, on me répondait que l'on comptait sur mon amitié ; et même l'on croyait me faire grâce. Mais lui, on écoutera jusqu'à ses moindres soupirs !...... Il s'agitait dans son fauteuil, cherchait comment il parviendrait à sauver Blanche d'un penchant qui pouvait lui causer de grands chagrins ; car il n'aimait point l'air sombre de ce jeune homme.... Il pensa qu'il fallait d'abord les séparer, si bien et si naturellement, qu'ils n'eussent plus l'occasion de se rencontrer, et sans qu'elle pût s'en fâcher. Il voulait la préserver, mais ne point éclairer sa grand'mère, afin de ne pas exposer la pauvre Blanche à des scènes désagréables.

Pendant qu'il réfléchissait à tout cela, madame de Nançai, enchantée que sa petite-fille se fût levée, qu'elle se sentît plus forte, vint tout émue demander à monsieur d'Entragues s'il ne la croyait pas mieux. — Blanche profita de ce moment pour dire à monsieur de Fargy: « J'ai » reçu une lettre de mon couvent; » madame votre mère est un peu » malade. » — « Ce malheur me » manquait! répondit-il ...... » — « Allez la voir, je vous en con- » jure. » — « Je partirai demain. »

— « Assurez - la bien que je vais » tout employer pour retourner près » d'elle. » — A peine finissait-elle ces mots que sa grand'mère l'appela : Blanche, en la voyant, fut surprise de l'effroi qui paraissait l'avoir saisie.

Lorsque madame de Nançai s'était approchée de monsieur d'Entragues, il ne rêvait, comme on l'a vu, qu'aux moyens d'éloigner Blanche de monsieur de Fargy. Il n'en connut pas de plus sûr que d'alarmer madame de Nançai, se promettant de la tranquilliser, dès qu'il serait parvenu à son but. Il lui persuada facilement que la vivacité de Blanche, les couleurs qui avaient ranimé son teint, n'étaient qu'un effet de la fièvre, et qu'il fallait la ramener à Paris, pour consulter un médecin. -- « Vous me donnez » le conseil d'un véritable ami, lui » dit-elle, et je le suivrai. »

Monsieur d'Entragues, malgré son sincère attachement pour madame de Nançai, son affection pour Blanche, et les craintes que lui inspirait monsieur de Fargy, n'aurait pu s'empêcher de rire, s'il avait su qu'il servait si habilement les vœux de cette imprudente jeunesse. Il était en effet assez singulier qu'il ramenât lui-même Blanche à Paris, au moment où elle pourrait y rencontrer monsieur de Fargy, et lorsqu'il prenait tant de soins pour le lui faire éviter.

C'était la première fois de sa vie que monsieur d'Entragues consentait à partager les inquiétudes de madame de Nançai; aussi lui causa-t-il une frayeur inexprimable. Si Blanche était silencieuse, c'était une preuve de sa faiblesse; parlait-elle? c'était l'agitation de la fièvre : il n'y avait plus aucune raison dans cette tête là. Tout-à-coup, elle dit à madame de Limours : « Demain, je » partirai pour Paris. » -- Blanche la regarda, comme si sa grand'mère eût su tout le plaisir qu'elle lui causait. Monsieur de Fargy entendit ces paroles, avec une émotion qui fit tressaillir son cœur. Il crut que le ciel, le hasard ou la fatalité les réunissait malgré ses résolutions; et, de peur de se laisser pénétrer, il sortit. — Blanche le vit s'éloigner, en pensant qu'elle le retrouverait bientôt près de son amie : — Alors, se dit-elle, ils ne seront plus malheureux.

Monsieur d'Entragues vint s'asseoir à côté d'elle, et lui demanda, d'un ton railleur, si elle ne regretterait pas la campagne ? — « Oh non, » répondit-elle ; et ses yeux brillaient d'une joie si douce qu'il n'y concevait plus rien. — « Ah ça, Mademoi-
» selle, lui dit-il, vous m'avez plu-
» sieurs fois promis votre confiance.
» N'osant vous presser, j'attendais
» l'heure où vous viendriez à moi de
» vous-même, où vous me parleriez
» comme à un ami. Mais, à présent,
» je vous déclare qu'il me la faut
» cette confiance, et tout entière ;
» sans quoi, dussiez-vous me mau-
» dire, je ferai un si beau train, j'é-
» veillerai tellement l'attention de
» madame votre grand'mère, elle
» vous grondera tant, que vous n'au-

» rez plus un moment de repos. » — « Vous croyez ? » reprit Blanche en souriant. — « Vous verrez. » — « Ah ! » vous oubliez donc que ma grand'- » mère m'a dit que, lorsque je se- » rais malade, c'est moi qui serais » la maîtresse ! »

Elle avait un petit air ironique et satisfait que monsieur d'Entragues ne pouvait s'expliquer. « Vous me pa- » raissez bien gaie depuis un ins- » tant ! » lui dit-il. — « Oui ; je n'a- » vais plus d'espérance, et actuelle- » ment je crois au bonheur que j'ai » le plus désiré. » — « En vérité ! » — « Sans doute ; mais je vous con- » terai tout cela, quand nous serons » seuls. » — « Mademoiselle, Made- » moiselle, les désirs de la jeunesse » sont souvent bien insensés ! » —

« Monsieur, Monsieur, ne retombez pas dans vos jugemens téméraires ; vous n'avez pas cessé de vous tromper, depuis que je vous connais. »

Elle le laissa fort étonné: il se demandait s'il serait possible que cette jeune personne se moquât de lui, et déjouât sa longue expérience? Il en était piqué; mais il pensait qu'il avait toujours bien fait d'avoir engagé sa grand'mère à l'emmener. Ce sera mon tour de rire, disait-il, quand elle apprendra que c'est à moi seul qu'elle a cette obligation.

Le lendemain, madame de Nançai partit; elle s'arrêta à peine dans sa terre, et seulement pour donner quelques ordres, et aussitôt elle continua sa route pour Paris.

Monsieur d'Entragues était encore une fois dans la voiture en face de Blanche. Il examinait tous ses mouvemens : quelquefois il lui trouvait un air de gaieté ; c'était lorsqu'elle pensait au *bonheur* que son amie lui devrait : d'autres fois, craignant que madame de Fargy ne fût plus mal qu'on ne le lui avait mandé, elle devenait triste et soupirait. Blanche avait une physionomie si expressive, qu'il voyait toutes ces différentes émotions. Il était assez fâché de ne pouvoir découvrir ce qui les causait ; mais il admirait tant de mobilité.

Madame de Nançai les remarquait comme lui, et les attribuait à quelques souffrances intérieures. Elle mourait d'impatience d'arriver à Paris, et de pouvoir consulter sur l'état de sa petite-fille. Elle grondait, pressait ses gens ; les chevaux ne lui paraissaient jamais aller assez vite ; et lorsque sa voiture entra dans sa cour, elle respira, comme si elle eût atteint un port de salut.

Elle fit préparer pour Blanche un lit dans son cabinet. On apporta le souper ; elle offrait à sa petite-fille de toutes choses, en désirant qu'elle n'en mangeât point, ne laissait personne en repos, et envoya tout de suite chercher son médecin. Il arriva à l'instant où l'on sortait de table. C'était un homme éclairé et de bonne compagnie. Il soignait madame de Nançai depuis longues années, et connaissait bien cette extrême vivacité de sentiment qui la rendait si souvent malheureuse. Mais il connaissait aussi son excellent cœur, cette bonté de tous les momens, cette générosité sans bornes que l'infortune n'implorait jamais en vain; et il lui était sincèrement attaché. C'était pour lui un spectacle vraiment amusant, de voir comme monsieur d'Entragues la faisait penser, parler, agir, sans qu'elle s'en doutât, et croyant elle-même le gouverner; comme il s'occupait toujours de son bonheur, mais ne lui accordait pas la satisfaction de le lui dire, riait de ses prétendus chagrins qui auraient fait la joie de bien d'autres, et les jugeait avant de s'en inquiéter.

Dès que le médecin parut, elle l'emmena dans son cabinet, pour le prévenir sur l'état de sa fille ; car elle voulait qu'il crût plus à ce qu'elle lui dirait, qu'à ses propres observations. Le coup-d'œil de la faculté entière lui paraissait moins sûr que l'attention maternelle.

Pendant leur absence, Blanche dit à monsieur d'Entragues : « A » Paris vous ne demeurez pas chez » ma grand'mère : vous n'y viendrez » qu'en visite ; et le regret que j'é- » prouve m'apprend combien la » possibilité de se voir à toutes les » heures a de charme. » — Des expressions si douces le touchèrent, et il se reprocha de l'avoir contrariée, en lui faisant quitter la campagne. — Elle ajouta : « Si ma » grand'mère me remet au couvent, » comme elle l'a annoncé quand j'en

» suis sortie, ne vous serait-il pas
» possible d'obtenir la permission
» d'y venir quelquefois avec elle;
» j'engagerais mon amie à m'accom-
» pagner à la grille. Alors ma re-
» traite n'aurait rien de triste; et
» j'aurais vu du monde ce qu'il a
» de plus aimable. » — Monsieur d'Entragues était ravi de cette manière simple de lui dire les choses les plus flatteuses, sans le savoir elle-même, uniquement parce qu'elle les sentait.

Madame de Nançai rentra avec le médecin, en lui disant: « Voilà no-
» tre malade. » — « Dites la vôtre,
» Madame, » reprit-il, étonné de la fraîcheur de Blanche; « les miens
» n'ont pas cette figure là! » —
« Tâtez son pouls, docteur? » —

« Il est excellent. » — « Prenez une » lumière, examinez ses yeux. » — « Ils sont superbes, et leur éclat » n'alarme pas un vieux médecin. » — « Vous êtes insupportable, doc» teur! Je ne vous ai pas prié de ve» nir pour lui faire des complimens; » je sais moi qu'elle est malade, » très-malade; demandez-le plutôt à » monsieur d'Entragues. »

Tout ce que Blanche venait de lui dire, avait réveillé sa tendresse pour elle; aussi s'écria-t-il : « C'est ma» dame de Nançai qui m'a tourné » l'esprit; le sien était si renversé, » mon cher docteur, qu'elle a fini » par me convaincre qu'il fallait ame» ner mademoiselle près de vous, » pour vous consulter. » — « Voilà » qui est curieux! repartit madame

» de Nançai; quoi! ce n'est pas vous » qui m'avez mis cette idée là dans » la tête? A vous entendre, il n'y » avait pas un jour à perdre. » — Blanche riait; elle ne comprenait pas pourquoi monsieur d'Entragues avait causé ce trouble, ce déplacement; mais elle lui dit tout bas : « Vous » m'avez rendu un grand service. » Elle pensait qu'elle allait revoir son amie, et dans le moment où elle pouvait lui être si utile!

« Je vous en supplie, docteur, » reprit madame de Nançai, « exami- » nez-la avec attention; n'écoutez » pas cet insensé de monsieur d'En- » tragues, qui se croit né pour les » découvertes, lorsqu'il s'efforce de » démontrer que les autres ont tort. » Ce qui serait merveilleux, ce serait

» de prouver qu'il a raison, lui. » Elle se pencha près de l'oreille du docteur, et ajouta : « Souvenez-vous » de mes pauvres enfans! L'éclat de » ces yeux que vous admirez ; voilà » le danger. » — « En vérité, Ma- » dame, répliqua-t-il, vous parvien- » drez aussi à me troubler l'esprit ; » je vous proteste que mademoiselle » est à merveille. » — Blanche l'assura qu'il ne se trompait point. Mais, continua-t-elle, en faisant un petit signe moqueur à monsieur d'Entragues, « n'est-il pas vrai, docteur, » qu'il ne faut jamais me contra- » rier ? » Le médecin, bien au fait des vivacités de madame de Nançai, ne put s'empêcher de sourire, et répondit : « Il est certain, Mademoi- » selle, qu'à votre âge, la moindre

» contrariété serait pernicieuse. »

Madame de Nançai lui proposa de venir dîner avec elle le lendemain. Elle voulait lui parler à tête reposée; car elle était un peu étourdie de la gaieté de cette visite. Blanche saisit le mot *dîner* avec plaisir, dans l'espoir que sa matinée serait libre, et qu'elle pourrait aller à son couvent. Elle en était si contente que, tout émerveillée, elle trouva le moyen de dire à monsieur d'Entragues en passant à côté de lui : « C'est surpre- » nant, comme tout le monde con- » court à favoriser mes désirs. » Il la regarda d'un air si étonné, qu'elle en devint encore plus gaie.

Le lendemain, dès qu'il fut jour chez sa grand'mère, elle vint la supplier de lui permettre d'aller à Ste.-

Élisabeth pour deux heures. Madame de Nançai avait bien envie de s'y refuser ; mais Blanche la pria avec tant d'instance, lui fit tant de caresses, qu'elle y consentit, en lui recommandant de n'être pas long-temps.

Elle emporta avec elle la lettre de monsieur de Fargy. En chemin, son cœur battait, à la seule idée de revoir cette mère trop sensible. Elle se faisait à elle-même le discours qu'elle lui tiendrait; cherchait comment elle pourrait l'amener peu à peu à l'écouter, à recevoir son fils; prévoyait les objections, les demandes, répondait à tout, et ne songeait même pas qu'elle ignorait ce que madame de Fargy pourrait avoir à lui dire.

Quand elle arriva, les religieuses et les pensionnaires étaient à l'église.

Elle courut donc à la petite maison, sans être retenue par personne. Elle ouvrit la porte, ne pensant pas à faire prévenir madame de Fargy, qui était loin de l'attendre. En la voyant entrer, elle lui tendit les bras, sans avoir la force de lui parler; elle était dans son grand fauteuil, avait l'air bien faible, bien souffrant. Blanche, comme de coutume, se mit à genoux sur le petit tabouret qui était à ses pieds. Elle la pressait contre son cœur, et ne savait de quels termes se servir, pour lui exprimer le bonheur qu'elle avait à se retrouver près d'elle.

« Vous avez reçu toutes mes let-
» tres, » lui dit Blanche; « mais je
» vous en ai écrit une bien longue,
» que je n'ai pas voulu vous envoyer.
» Je vous la remettrai, lorsque nous

» aurons causé ensemble. » — « Pourquoi l'avoir gardée ? » — « Pour » bien des raisons, que je vous ex- » pliquerai l'une après l'autre, et à » loisir. » Elle la voyait si émue par sa seule présence, qu'elle trouvait imprudent de lui nommer trop tôt son fils. Cependant, elle espérait qu'il ne tarderait pas à arriver, s'il n'était déjà venu. Pour s'en informer, elle demanda à madame de Fargy, d'un air qu'elle cherchait à rendre indifférent : « Avez-vous reçu des visites » depuis mon départ ? » — « Votre » question m'étonne, mon enfant, » répondit-elle ; auriez-vous déjà » oublié quelle solitude je me suis » imposée ? » — Ah ! reprit Blanche » en soupirant, je n'ai pas cessé d'y » penser !..... Mais, dites-moi, si

» quelqu'un vous demandait au par-
» loir, refuseriez-vous de vous y
» rendre ? » — « Je n'en aurais pas
» besoin ; car l'ordre est donné de
» ne recevoir personne. Cependant
» vous me faites trembler ; qui doit
» venir ? » — Blanche la considérait avec crainte ; elle apercevait dans ses yeux une anxiété si vive, si ardente, qu'elle ne savait plus s'il était temps de parler, s'il valait mieux se taire. — « Je me sens mourir, » s'écria madame de Fargy ; « car je crois vous
» comprendre. » — « Vous ne vous
» trompez point, » reprit Blanche,
« votre fils était avec moi, au mo-
» ment où une lettre de la supérieure
» m'apprenait que vous étiez ma-
» lade.... Si vous aviez pu voir sa
» douleur, ses larmes, vous auriez

» été contente de son cœur. Il a dû » partir hier pour accourir près de » vous. » — Madame de Fargy ne respirait plus, elle ne pouvait prononcer un seul mot; mais ses yeux reconnaissans prouvaient assez qu'elle croyait lui devoir un bonheur inespéré.

Quand elle fut revenue de ce premier saisissement, elle envoya savoir s'il n'était venu personne pour elle? — Hélas! un jeune homme s'était présenté la veille très-tard. Il avait fait beaucoup de questions sur son état, et la tourière ayant répondu que madame de Fargy allait mieux, il s'était retiré, sans vouloir se nommer.

« Il reviendra, s'écria Blanche, » soyez-en sûre. Quand vous serez

» plus calme, je vous répéterai tout » ce qu'il m'a dit. » — Madame de Fargy lui fit signe de parler, et Blanche lui apprit comment elle avait rencontré son fils, l'intérêt qu'il lui avait d'abord inspiré,.... que depuis ils s'étaient vus davantage,... et combien il chérissait sa mère... Elle choisissait ses expressions, les rendait consolantes, supprimait ce qui pouvait la blesser, ajoutait tout ce qui devait ranimer ses espérances. « Il » vous a *écrit*, continua-t-elle; mais » il ignorait alors que vous fussiez » malade, et se croyait plus malheu- » reux que vous-même. Peut-être, » sa lettre ne sera-t-elle pas aussi » tendre que certainement elle au- » rait pu l'être, après son inquié- » tude. » — « Donnez-la moi donc

» vite, » reprit madame de Fargy; « pouvez-vous me la faire attendre? » — « Je n'ose pas... Si elle allait vous » affliger, que je le haïrais! » — « Donnez, donnez, mon enfant; je » suis accoutumée à souffrir. »

Blanche, en la lui remettant, examinait avec attention l'effet qu'elle allait produire. Madame de Fargy pleurait, s'arrêtait quelquefois, et finit par avoir l'air désespéré....... « Qu'il a dû souffrir! disait-elle.... » Mais je me flattais toujours qu'il » me reviendrait, et que le souvenir » de ma vie entière serait un témoin » plus sûr que toutes mes paroles! » A-t-il pu me croire?... » — « De » quoi devait-il douter? » reprit Blanche interdite. — Madame de Fargy ne lui répondit pas, et continuant de se parler à elle-même, de prononcer des mots interrompus, elle ajouta: « Quand, épouvantée, je » m'accusais.... ! — Vous vous ac- » cusiez ! s'écria Blanche, ah ! il » n'est donc pas coupable ! et je res- » pire. » — « Pas coupable ! » ré- péta madame de Fargy, surprise et offensée: « non, il ne l'est pas; per- » sonne n'a le droit de le soupçonner. » Souvenez-vous, qu'au milieu de » mes plus grandes douleurs, je ne » me plaignais jamais de lui. » — « J'en conviens; mais je vous dois » d'être sincère. Mon amie, sachez, » qu'à votre insu, vos larmes le con- » damnaient, plus que vos plaintes » n'auraient pu faire; moi-même » je l'accusais. J'avoue pourtant qu'a- » près l'avoir vu, j'ai pensé que,

» peut-être, vous aviez été trop sus-
» ceptible, un peu injuste; eh! ne
» vois-je pas cela tous les jours?... »
Puis, reprenant son air doux et caressant, elle entoura madame de Fargy de ses bras, et lui dit: « Per-
» mettez-moi d'être vraie. J'ignore
» quel mystère s'est placé entre vous
» et lui; cependant, je viens de vous
» entendre reprocher à votre fils jus-
» qu'à sa confiance en vous.... Ma
» vie entière, avez-vous dit, ne de-
» vait-elle pas être un témoin plus
» sûr que toutes mes paroles!.....
» Mon amie, quoi que vous ayez pu
» lui dire, ne devait-il pas aussi vous
» croire? Songez donc que votre voix
» arrivait à son ame, que ses yeux
» vous cherchaient, avant qu'il se
» connût lui-même! O! laissez-moi

» le défendre, car sûrement vous
» l'aimez toujours! »

Blanche parlait avec tant de vivacité, que madame de Fargy, étonnée, l'écoutait sans trouver rien à lui répondre. Cette jeune personne semblait lui découvrir des raisons qui ne lui étaient pas encore venues. Elle reprit la lettre de son fils, la relut, et aussitôt la laissa retomber. On eût dit qu'un malheur nouveau venait l'accabler : « C'est impossible, s'é-
» criait-elle : mon cœur est déchiré;
» mais je ne puis lui accorder les
» aveux qu'il me demande, pour prix
» de son retour vers moi. » — Blanche se remit aux genoux de son amie : « Ma seconde mère, » lui disait-elle d'un ton si tendre, « livrez-
» vous sans réserve à votre enfant! »

— « Ah ! vous seule êtes ma fille !
» Est-ce un fils qui peut mettre une
» condition, pour revenir à sa mè-
» re ? » — Elle pleurait, et bientôt sa douleur, ses larmes, la tendresse de Blanche finirent par rappeler sa bonté première, et elle s'adoucit.

« Ma fille, ma chère Blanche, re-
» prit-elle, c'est Dieu sans doute qui
» vous a envoyée pour me soutenir,
» pour me consoler. Il a voulu que
» vous fussiez l'ange de la paix et
» de la réconciliation. » — Elle relut encore la lettre de son fils ; et cette fois elle crut y apercevoir des sentimens que, dans son trouble, elle n'avait pas d'abord remarqués. Tantôt, elle regardait Blanche avec une affection nouvelle et plus tendre : tantôt, on voyait qu'elle était alarmée ;

mais alors elle la pressait dans ses bras, et paraissait être en proie à des combats intérieurs.

« Mon fils, » lui dit-elle en baissant les yeux, « me supplie de vous » tout dire, si je persiste à lui refuser » ma confiance. » Elle lut tout haut : — « Un motif que je ne puis vous » avouer, parce que je n'ose pas me » l'avouer à moi-même, me force à » vous conjurer de lui faire connaître » ma situation. » Madame de Fargy s'arrêta : elle observait Blanche; mais elle la vit si tranquille qu'elle ne savait plus que résoudre....

Blanche l'écoutait sans embarras, sans rougir, attendant qu'elle s'expliquât. Madame de Fargy incertaine, en silence, se demandait s'il n'était pas dangereux de lui laisser soup-

çonner ces sentimens de son fils qu'elle pénétrait. Elle se disait aussi qu'elle avait des devoirs à remplir envers cette jeune personne. « Mon fils, re-
» prit-elle, sollicite cette grâce avec
» tant d'instance, que, malgré ma
» raison, je n'ai pas la force de la
» lui refuser. D'ailleurs, votre jeu-
» nesse ne m'effraie pas : je vous con-
» nais, mon enfant, et votre ame
» répondra à la mienne ; elle me
» jugera.... Je consens donc à vous
» écrire les détails de ma longue
» souffrance ; car il me serait impos-
» sible de vous les dire.... Seule, en
» présence de Dieu qui a vu mes pei-
» nes, j'aurai plus de courage.....
» J'exige seulement que ma lettre
» me soit aussitôt rendue, et que
» vous ne communiquiez à mon fils

» aucun de ces détails, sans mon » consentement. » — Blanche s'y engagea. — « Que le désir de nous rap» procher, ajouta-t-elle d'un air im» posant et sévère, ne vous entraîne » jamais; vous causeriez peut-être » un malheur auquel je ne survivrais » pas. » — Blanche le promit. — « Ce n'est pas assez pour me rassurer, » continua-t-elle. Pardonnez, mon » enfant, à la sollicitude d'une mère, » lorsqu'il s'agit de tout l'avenir de » son fils : venez avec moi. » Elle se leva, et conduisit Blanche à son prie-Dieu. « Ma fille, lui dit-elle, mettez» vous à genoux, et promettez-moi » devant Dieu qu'aucune instance de » mon fils ne vous portera à lui con» fier mon secret. » — Blanche tremblante répondit : « Dictez mes paro-

» les, Dieu les entendra. » Madame de Fargy debout, les yeux levés au ciel, reprit : « Il suffit que, dans » votre ame, vous en fassiez le ser- » ment. » Blanche pria ; et baisant la main de son amie avec un respect profond et religieux, elle répéta que jamais monsieur de Fargy ne saurait d'elle ce que sa mère voulait lui cacher. — « C'est assez, » reprit madame de Fargy en retournant à sa place.

Blanche se rapprocha, s'assit devant elle; mais elle y restait silencieuse et pensive: il semblait qu'elle fût environnée de ténèbres. Cependant, un sentiment inexplicable lui faisait espérer encore que, sans rien dévoiler, elle pourrait, par des phrases indirectes, des insinuations détournées, les ramener l'un vers l'autre.

Elles furent long-temps sans se parler. Blanche regardait son amie plus tendrement, lorsqu'il lui venait quelques idées rassurantes. Madame de Fargy paraissait absorbée dans ses réflexions. Enfin elle dit : « Je con-
» nais trop votre grand'mère, pour
» supposer qu'elle vous permette de
» revenir ici demain. D'ailleurs, il
» me faut plusieurs jours pour vous
» mander tout ce qui me concerne,
» et je ne suis pas assez forte pour
» écrire beaucoup à la fois. Retour-
» nez près d'elle; je vous enverrai
» ma lettre. Jusque-là, mon enfant,
» ne venez point ici. J'aurai besoin
» d'être seule. » — « Mais, si de
» cruels souvenirs allaient vous ren-

» dre malade ! me refuseriez-vous
» de venir vous soigner? » — « Ah!
» croyez que, dans toutes mes pei-
» nes, c'est toujours vous que je dé-
» sire revoir. » — « Promettez-moi
» donc, ajouta Blanche, que si vous
» étiez souffrante, vous m'enverriez
» chercher ? »

Madame de Fargy en prit l'engagement, et lui rappela qu'elle devait se rendre chez la supérieure, et donner ensuite quelques momens à ses jeunes compagnes. « Je ne veux pas
» que personne ait à se plaindre de
» vous, mon enfant, lui dit-elle
» en l'embrassant. » — Blanche la quitta avec regret ; mais elle ne savait que lui obéir. Elle fit dans son couvent les différentes visites qu'elle lui avait prescrites, et partout on lui

témoigna un plaisir si vif et si vrai, qu'elle y fut sensible, et parvint à se distraire un peu d'elle-même.

En rentrant chez sa grand'mère, elle la trouva fort appliquée à causer avec le médecin. Ils avaient eu un si long entretien sur les enfans qu'elle avait perdus, sur ses craintes pour sa petite-fille, qu'elle n'avait pas trop remarqué si Blanche avait été long-temps absente; aussi la reçut-elle à merveille.

Monsieur d'Entragues vint le soir; il rendit compte à madame de Nançai des visites qu'il avait faites dans le cours de la journée, de ce qu'il avait appris chez le régent, chez les ministres. Il avait vu le jeune roi; cela les ramena au souvenir de l'ancienne cour: et cette conversation, qui les amusait tous deux, permettait à Blanche de s'abandonner à ses pensées.

Plusieurs jours s'écoulèrent, sans qu'elle reçût aucune nouvelle de madame de Fargy. Dans son impatience, elle ne donnait d'attention à rien, répondait à demi, et ne savait guère ce qu'on lui disait. Monsieur d'Entragues, craignant que la vie sédentaire de madame de Nançai n'ennuyât une si jeune personne, s'efforçait de l'égayer, et lui reprocha son air préoccupé : « Je vous en supplie, lui dit-elle, n'allez pas vous jeter dans la belle imagination de m'amuser; car la gaieté me serait insupportable. » — « A votre âge, Mademoiselle, êtes-vous déjà misantrope? » — « Non ; mais vous avez, vous, la fantaisie d'être con-

» tent, de rire de tout. Moi, j'aime
» à me recueillir, et je préfère votre
» société, la solitude de ma grand'-
» mère, à des visages inconnus, et
» à ce que le monde appelle diver-
» tissemens. »

Cette raison prématurée inquiétait monsieur d'Entragues, et faisait renaître ses soupçons. Mais ne voulant troubler, ni la grand'mère qui ne lui parlerait plus d'autre chose, ni la jeune personne dont les larmes pourraient bien le toucher, il s'en rapportait au temps et à l'absence, pour faire oublier le beau et ténébreux marquis de Fargy. Il se trompait, car Blanche n'en avait jamais été si occupée. Que de fois elle se demandait s'il était retourné chez sa mère? si elle l'avait reçu? s'ils étaient parvenus à se réunir ? — Quel supplice de ne pas apercevoir une seule clarté, de n'entendre aucune réponse aux questions qui reviennent sans cesse à l'esprit !

Enfin un matin on l'éveilla, en lui annonçant la femme de chambre de madame de Fargy. Blanche tremblait ; elle allait donc connaître les malheurs de son amie ! Elle ne pouvait contenir les battemens de son cœur. Cette femme lui remit un paquet cacheté, en ajoutant que sa maîtresse la priait de le rapporter avant deux heures, car il serait possible que madame de Fargy fît une petite absence. — « Où va-t-elle » donc ? s'écria Blanche. » — « Je » l'ignore, Mademoiselle. » — « Ma » chère, reprit Blanche effrayée,

» j'espère qu'elle n'a pas l'intention » de nous quitter pour toujours ? » — « Non, Mademoiselle. » — « Vous » savez donc où elle doit aller ? » — « Si je le savais, ce serait le secret » de mes maîtres, et Mademoiselle » ne me le demanderait sûrement » pas. » — « Vos maîtres ! son fils » est-il pour quelque chose dans le » voyage qu'elle compte faire ? » — « Permettez-moi, Mademoiselle, de » m'éloigner, car j'ai bien des com- » missions, et je suis pressée. » — « Au moins, dites-moi comment se » porte ma pauvre amie ? » — « Elle » est bien faible ; mais aussi, chaque » jour de nouveaux assauts, de nou- » velles secousses ! » Cette femme, craignant d'en dire davantage, fit la révérence et sortit, en rappelant à

Blanche que madame de Fargy l'engageait à venir de très-bonne heure, si cela ne la dérangeait pas.

Blanche ouvrit cette lettre, et lut ce qui suit :

Voici, ma chère Blanche, ce triste récit que vous m'avez demandé. J'ai cru devoir d'abord vous arrêter un instant sur les commencemens de ma vie ; car c'est par degrés que je suis arrivée à ce comble de malheurs que j'étais loin de prévoir. Peut-être aurais-je pu m'en garantir, je l'ignore. Hélas ! c'est après les événemens que l'on aperçoit bien ce qu'on aurait dû faire, ce qu'il eût été sage d'éviter : le bien, le mal, ce qui a été hasardé, ce qui a été négligé, tout se présente ensemble à l'esprit pour accroître les tourmens.

Élevée, comme vous, dans un couvent, j'avais à peine dix-huit ans, lorsque mon père m'annonça qu'il venait de décider mon mariage avec le comte de Fargy, proche parent de ma mère. Elle m'avait laissé, en mourant, une grande fortune qu'une longue tutelle avait doublée. Mon père y joignit l'assurance de toute la sienne. J'étais donc une très-riche héritière; et, si je rappelle cette circonstance, c'est pour vous prouver que, du moins sous ce rapport, monsieur de Fargy et moi nous n'avions rien à désirer.

Depuis long-temps mon père, fort âgé, très-infirme, s'était retiré à la campagne. Il venait à Paris, une seule fois dans l'année, pour me voir, et retournait ensuite dans sa terre. Il était donc difficile qu'il jugeât par lui-même de ce qui pouvait m'être le plus avantageux. Il voulait mon bonheur ; mais n'y contribuait que par ses vœux, et par l'occupation constante d'augmenter mes biens déjà si considérables.

Le jour qu'il me nomma monsieur de Fargy, il m'en parla comme d'un des hommes de la cour dont l'esprit, la figure, les agrémens, devaient le plus flatter l'amour-propre d'une jeune femme. Il me l'amêna le soir même, et je trouvai qu'il ne l'avait pas assez loué ; je sentis qu'il me serait bien facile d'aimer celui que mon père m'ordonnait de préférer.

Jusqu'à mon mariage, monsieur

de Fargy chercha à obtenir mon affection par tous les soins qui pouvaient me toucher. Aussi, en approchant de l'autel, je remerciais intérieurement et le ciel et mon père, car je n'aurais rien voulu changer à ma destinée. Ma chère Blanche, je me croyais heureuse, et je pensais devoir l'être toujours. Jamais on n'est entré dans le monde avec des espérances plus brillantes.

Lorsque j'arrivai dans la maison de monsieur de Fargy, qui devenait la mienne, je fus éblouie du luxe dont il m'avait environnée. Plus de simplicité aurait convenu davantage à mon caractère et à mes goûts; mais tout ce qui de sa part avait l'air d'un désir de plaire, me causait de l'émotion, et me devenait agréable.

Nous eûmes bientôt une des meilleures maisons de Paris. Je remarquai que sa sœur, après les premières visites d'usage, venait peu chez moi. Elle m'avait paru aimable. Je souhaitais l'être pour tout ce qui tenait à monsieur de Fargy, et je lui demandai pourquoi nous la voyions si rarement ? Il me répondit avec assez d'indifférence : « Ma sœur est très-
» vive ; je suis quelquefois assez em-
» porté, et nous ne sommes jamais
» huit jours bien ensemble. »

Je crois sentir encore le froid subit qui pénétra mon cœur, lorsque je l'entendis avouer tout simplement qu'il était emporté. Ce n'était donc plus cette grâce de tous les momens, cette perfection idéale que je croyais trouver en lui ! « Sans doute, repris-

» je, vous voulez vous amuser, en
» disant que vous êtes colère. » — Il
se mit à rire, et repartit : « Vous ne
» savez pas combien il faut que je
» vous aime, pour que vous ne vous
» en soyez pas encore aperçue. »

Je le regardais d'un air si consterné
que sa gaieté en augmenta. « Écou-
» tez-moi, ma chère amie, me dit-
» il ; j'espère que nous sommes des-
» tinés à faire un long voyage
» ensemble. Il est donc important
» de bien connaître ses défauts ; car
» c'est avec eux qu'il est nécessaire
» de composer. Les vertus marchent
» sans aide ; encore doivent-elles
» être douces et sociables : sans quoi,
» ce sont des reproches tacites que
» l'on comprend, à l'air seul du vi-
» sage. Vous saurez donc, ma chère

» amie, qu'en moi tout est passion. » Je suis souvent d'une vivacité, » d'une pétulance qu'on ne m'a ja- » mais appris à modérer. Cette mal- » heureuse disposition m'a causé bien » des peines ; mais les chagrins, la » réflexion, n'ayant pu m'amender, » j'en ai pris mon parti. Quand tout » va suivant mes désirs, quand je » me sens heureux, comme je le » suis depuis notre mariage, je me » crois d'une douceur ineffable, et » l'on me prendrait pour un véri- » table saint. »

Je l'écoutais, sans avoir la force de l'interrompre. Sa manière légère de parler d'un tort si grave m'épouvantait, peut-être plus que le tort même. Cette conversation m'est présente, comme si je l'entendais encore. Chaque mot semblait détruire une illusion, exciter une crainte, et être dit pour me désoler.

« Vous ignorez, ajouta-t-il, qu'a-
» vant de vous demander en ma-
» riage, je pris à votre couvent les
» plus exactes informations sur votre
» caractère; car du moins ce n'est
» pas votre fortune qui m'a décidé.
» L'on m'assura que vous étiez douce
» comme un ange; que vous aviez
» cependant une ame forte, élevée,
» généreuse, et que vous étiez ca-
» pable de souffrir sans vous plain-
» dre, de résister avec modestie,
» sans faire sentir votre volonté;
» enfin, que vous aviez une raison
» parfaite. Voilà, me dis-je, trans-
» porté de joie, voilà tout ce qu'il
» me faut: sa douceur calmera mes

» emportemens ; sa résistance arrê-
» tera mon goût pour le faste, et sa
» raison viendra au secours de la
» mienne. Ces convenances, qui ne
» sont pas, pour l'ordinaire, celles
» dont on s'occupe le plus, m'ont
» seules déterminé. Plusieurs bonnes
» dames de mes amies parlèrent à
» votre père pour qu'il m'accordât
» votre main. Les femmes aiment
» tant à se mêler de mariage !

» Il y a déjà quinze jours que nous
» sommes unis ; vous conviendrez
» qu'il faut que je me sois conduit
» admirablement, ou que vous ayez
» un grand empire sur moi, puisque
» vous n'avez pas vu trace de ce vi-
» lain défaut. Je le reconnais, j'en
» rougis quelquefois ; et je ne par-
» donnerai jamais à mes parens d'a-

» voir eu la faiblesse de ne pas » m'en corriger. Ils attendaient, » disaient-ils, l'âge et la raison ; » mais les défauts ont grandi avec » l'âge, et la raison est restée en » chemin. »

Je recevais cette singulière confidence avec un triste étonnement ; cependant, je lui répétais encore qu'il se plaisait à m'effrayer. « Non, » en vérité, reprit-il : si quelque » chose vient à me déplaire, je ne » suis pas maître de me contenir. » Mais pendant que me voilà en » train de sincérité ; je dois aussi » vous dire le bien que je sais de » moi........ Ce sera court, ajouta-» t-il en riant.... Mon ame est sensi-» ble et fière, je puis vous en répon-» dre. Ce qu'on appelle *honneur*

» m'est plus cher que la vie ; ma pa-
» role est sacrée : la seule idée d'un
» manque de foi me fait frémir, et
» me cause une secrète horreur. Ce
» que vous nommez *vertu* m'est
» moins familier ; dans notre union
» ce sera votre lot. »

En me laissant cette part, il serra ma main d'un air si tendre, son regard était si doux, que je l'excusai. Sans doute, il s'en aperçut, car il parut satisfait.

« Mon esprit, continua-t-il, sai-
» sit avec avidité tout ce qui l'exalte
» ou l'amuse : un malheur, un trait
» généreux me touche jusqu'aux lar-
» mes. Eh bien ! quand je me sens
» le plus attendri, un mot qui ne
» serait pas de bon goût, un mou-
» vement qui me paraîtrait ridicule,

» me ferait rire de ma faiblesse. »

Il eut l'air de réfléchir un instant ; j'attendais en silence ce qu'il pouvait avoir encore à m'annoncer.

« A vrai dire, ma chère amie, » ajouta-t-il, je n'ai pas tel ou tel » caractère, tel ou tel défaut ; c'est » plutôt l'habitude de m'abandonner » à toutes mes impressions, l'im- » possibilité de me commander à » moi-même. Les plaisirs m'entraî- » nent-ils, je suis plus gai que per- » sonne ; un rien qui me blesse » suffit pour m'irriter. Enfin, la pru- » dence, le sang-froid me sont incon- » nus. La raison, pour mon usage, » m'ennuie, et l'ennui m'est insup- » portable. »

« Mais, répliquai-je, pendant » que vous cherchez à me donner

» de vous une opinion, que mon » cœur ne consent pas à recevoir, » pourriez-vous m'apprendre com» ment, étant si vif, vous avez pu » conserver un si grand nombre d'a» mis ?» — « Amis, ou à peu près ; » car au fait ce sont plutôt de joyeux » et faciles convives. » — « Votre » maison est agréable; on aime à » venir chez vous. » — « Je le crois » bien ; les fantaisies des autres de» viennent aussitôt les miennes. Je » suis toujours prêt à vouloir ce » qu'ils ne font que désirer. » — « Vos gens paraissent heureux. » — « Ah!. là, il y a du calcul. D'a» bord, je les paye magnifiquement; » car je prétends qu'ils considèrent » comme un malheur d'être renvoyé » de chez moi; et si je ne les garde

» pas long-temps, du moins pas un » ne me quitte. D'ailleurs, » ajouta-t-il avec un air d'affection qui m'enchanta, « c'est qu'avec vous, le bon» heur et la paix sont entrés dans ma » maison ; c'est qu'en vous épou» sant, j'ai fait l'action la plus sage de » ma vie. J'espère parvenir à rendre » la vôtre heureuse ; j'en ai même » fait le vœu. »

Personne n'était plus aimable que monsieur de Fargy, lorsqu'il cherchait à plaire, et qu'aucun nuage ne troublait son esprit. Il parlait si gaiement de lui-même, qu'il finit par me faire rire. Je pensai avec délice, que sa tendresse pour moi ferait disparaître ces légères imperfections, avouées avec une sincérité que je trouvais admirable. Enfin je l'aimais, ma chère Blanche, et je lui savais gré de tout.

Cependant, je ne tardai pas à m'apercevoir que depuis qu'il m'avait fait connaître son caractère, il cessait peu à peu de se contraindre; peut-être même qu'à son insu, sa franchise venait autant du besoin de se mettre à l'aise, que du désir d'être vrai.

Quelques jours après, nous fûmes invités à un repas de famille qui l'ennuyait d'avance. Je ne me rappelle plus quelle visite importune avait pris toute ma matinée : mais, au moment de partir, ma toilette était à peine commencée. Je le fis longtemps attendre ; il me pressait, grondait mes femmes, s'impatientait, et disait, avec raison, qu'il était fort ridicule d'arriver les derniers à une fête donnée pour nous. En montant en voiture, il ordonna d'aller très-vite. Au détour d'une rue, les chevaux heurtèrent un pauvre homme, et le renversèrent, grâce au ciel sans le blesser : cependant la frayeur seule pouvait lui faire beaucoup de mal. Monsieur de Fargy se mit dans une grande colère, d'abord contre son cocher, puis contre ce malheureux, qui n'avait pas besoin, disait-il, de se trouver là. Mes gens l'avaient relevé. Je demandai son adresse. « Pourquoi? » s'écria monsieur de Fargy. — « Pour envoyer demain » matin, de votre part, savoir com» ment il se trouve, » répondis-je à voix basse. — « J'aime à faire mes » bonnes actions moi-même, » me dit-il d'un ton brusque; « je ne » veux pas qu'on me fasse de le- » çon. » Je remarquai alors qu'il avait pris sa bourse, sûrement pour donner des secours à ce pauvre homme; mais il la remit dans sa poche, dès qu'il s'imagina que je voulais le blâmer, ou agir pour lui; et il dit tant de paroles, les unes après les autres, que je n'en comprenais aucune. Je me sentais près de me trouver mal; il ne s'en aperçut pas, car la colère l'aveuglait..... Ah! ma chère Blanche, quel moment! la figure de monsieur de Fargy, si noble et si belle, était devenue méconnaissable par toutes les passions qui l'agitaient. Je fermais les yeux, pour la retrouver dans mon cœur telle que je l'avais toujours vue.

Nous arrivâmes dans la maison où nous allions dîner ; j'avais à peine la force de me soutenir. En entrant dans le salon, j'étais si pâle, que ce ne fut qu'un cri pour me demander ce que j'avais. Cette question le rappela à lui-même. Il vit alors que je souffrais, se rapprocha de moi, et me serra la main d'un air si affectueux, que je respirai, en priant le ciel de me laisser oublier cet instant pénible. Mais je me promis de ne plus prononcer un mot, quand il serait irrité, et de ne lui parler que lorsqu'il aurait retrouvé assez de calme pour m'entendre.

Il me fut facile de juger que le caractère de monsieur de Fargy était connu dans le monde. Je saisis plusieurs petits signes qu'on se faisait derrière lui, pour se dire qu'il était sans doute la cause du trouble où j'étais. Il tenait encore ma main; je pressai la sienne, en le priant tout bas de garder le silence, et je racontai fort simplement l'accident qui m'avait effrayée. Il fallut bien me croire, quand on le vit très-occupé de moi, et que je parus touchée de ses soins.

Ce premier orage me fit une impression qui ne s'effacera jamais de mon esprit. Pardonnez-moi, ma chère Blanche, de vous en avoir parlé; mais c'était l'annonce d'une vie si agitée, qu'il est bien simple que le souvenir m'en soit encore présent.

Le reste du jour, monsieur de Fargy s'efforça d'être charmant pour moi; et quand nous fûmes seuls, il me demanda avec un peu d'embarras, quoiqu'il affectât de sourire, ce que je pensais de son joli caractère ? Je me jetai dans ses bras, en le suppliant de me permettre d'envoyer chez ce pauvre homme. — « Faites comme vous l'entendrez, » me répondit-il ; la charité doit, » ainsi que la patience, entrer dans » votre état d'ange ; car c'est un ange » qu'il faut que vous soyez. »

Ces douces expressions me ravirent ; je cherchai à me persuader qu'une si tendre affection pouvait bien compenser quelques momens de peine, et je repris mes espérances de bonheur.

La semaine suivante je fus présentée. Madame de Maintenon m'avait déjà témoigné beaucoup d'intérêt.

Elle avait l'habitude de faire des visites fréquentes dans plusieurs couvens, et s'y informait avec soin des qualités et des dispositions de chacune des pensionnaires que leur rang appelait à paraître à la cour. On lui avait dit que j'étais très-pieuse; elle ne l'avait pas oublié : aussi le Roi, auprès de qui elle m'en avait fait un mérite, daigna-t-il m'honorer d'une attention particulière, et me dire quelques mots de bonté.

Tel était l'empire du Roi sur tous les esprits, que lorsqu'il adressait une parole bienveillante à quelqu'un, on accourait l'en féliciter, comme s'il eût obtenu une dignité. Le lendemain de ma présentation, j'eus donc une liste considérable de visites, dont monsieur de Fargy lisait les noms, en faisant des commentaires qui l'amusaient fort. Je reçus un grand nombre de petits billets pour me faire compliment, et il trouvait le moyen d'épiloguer sur chaque phrase. Cependant, au milieu de toutes ses plaisanteries, je voyais bien qu'il était flatté que j'eusse été distinguée.

La gravité de la cour l'ennuyait à l'excès ; et il faut convenir aussi qu'il n'y était pas d'une manière agréable. On le savait très-attaché au duc de Chartres, aujourd'hui duc d'Orléans, Régent du royaume. Le feu Roi, qui n'aimait pas ce prince, avait un éloignement encore plus marqué pour toutes les personnes qui formaient sa société. Mais, bien ou mal vu, il fallait se montrer à Versailles, car le Roi voulait qu'on se présentât régulièrement devant lui ; et l'on était sûr qu'il portait une attention particulière sur les absences qui n'étaient pas motivées, ou dont il n'était pas prévenu.

J'étais nommée de toutes les fêtes, de tous les bals de la cour. Monsieur de Fargy, obligé de m'y suivre, sentait que sa naissance seule l'y faisait admettre. Le Roi ne lui parlait jamais, et souvent nous partions, sans qu'il eût attiré ce coup-d'œil, dont les courtisans se font une si grande affaire.

En revenant de Versailles, il était toujours mécontent, ne cessait de gronder pendant tout le chemin, et me faisait juge de ses déplaisirs. Il ne concevait pas comment des personnes sensées pouvaient aller chercher des dégoûts, sans y être conduites par l'ambition ou forcées par le besoin. Alors, il me parlait de sa fortune, de l'indépendance de son caractère, des avantages que l'avenir lui permettait d'entrevoir; et pour l'ordinaire, les jours suivans, il donnait des dîners somptueux aux gens les plus aimables, les plus gais, et les moins en faveur. Il les en estimait davantage, les chérissait, comme frappés d'un malheur commun. C'étaient pour lui des parens, des amis : on le savait à la cour, et il n'en était que plus maltraité.

A ces dîners, on riait de tout le monde, et de toutes choses; j'en étais inquiète pour lui, et embarrassée pour moi. J'avais la certitude que ces propos parvenaient journellement au

Roi, et que madame de Maintenon en était aussi instruite par sa correspondance particulière. D'ailleurs, ils couraient la ville, et passaient à Versailles d'autant plus sûrement, qu'ils étaient vifs, piquans, spirituels, et faciles à retenir. Heureux dans les cours ceux qui ne disent jamais de ces mots qu'on répète !

J'avais demandé à monsieur de Fargy de me dispenser de paraître à ces dîners. Il avait fini par y consentir, parce qu'il s'était aperçu que ma présence gênait ses trop joyeux amis. Lorsqu'on apprit à Versailles que je m'étais retirée d'une société si peu faite pour moi, l'on m'en sut gré. Je fus accueillie, avec un redoublement d'éloges qui me causait une sorte d'effroi. Je sentais que c'était surtout pour blâmer la conduite de monsieur de Fargy, qu'on s'attachait à parler de la mienne avec admiration. Il affectait d'en rire ; mais je voyais qu'il en était blessé. Malgré son humeur, il exigeait que j'allasse régulièrement faire ma cour. Lorsque j'étais revenue, il s'informait avec soin de la manière dont *la vieille* m'avait reçue ; c'est ainsi qu'on nommait madame de Maintenon dans la société de monsieur le duc d'Orléans. Si j'avais eu à m'en louer, d'amères railleries me faisaient payer cher mes succès. Si l'on n'avait pas fait assez d'attention à moi, il se moquait de l'étonnement dont je devais être saisie. D'un autre côté, à force de vouloir me distinguer de monsieur de Fargy, on parvenait insensiblement à m'en séparer, du moins dans l'opinion; et peu à peu il s'éloignait de moi.

Bientôt, toutes les dames les plus respectables mirent au nombre de leurs devoirs celui de me préserver des dangers que je courais dans sa trop brillante maison. Elles venaient sans cesse me prodiguer les soins, me donner les conseils qu'elles croyaient nécessaires dans ma situation. Tant d'intérêt me touchait; mais que n'attendaient-elles que j'allasse les chercher? J'aurais bien su trouver le moment de me rendre chez elles; au lieu qu'elles arrivaient souvent, lorsque monsieur de Fargy était près de moi. Alors, ni lui ni elles n'avaient pas un mot à se dire : il me quittait, avec une impatience et une humeur qu'il ne prenait pas la peine de cacher, et j'étais long-temps sans le revoir.

Ma chère Blanche, c'est un grand malheur que d'être unie à un homme dont les principes diffèrent trop des vôtres. Il n'y a plus d'accord sur quoi que ce soit. Vos sociétés l'importunent; les actions les plus indifférentes l'offensent; l'air de votre visage le blesse; les objets de votre vénération deviennent le sujet de ses sarcasmes. Souffrez-vous sans répondre? il commence par s'ennuyer, et bientôt il parle seul: comme, alors, il exagère les défauts qu'il vous suppose, ceux que vous avez peut-être, et que plus d'indulgence aurait corrigés! Vous défendez-vous? il s'irrite: de propos en propos, sa raison devient de la colère, sa gaieté de l'ironie ; et, quand il s'en va, vous restez devant ce portrait qu'il a fait de vous, et qui vous désespère.

Dans mes chagrins, j'ai quelquefois désiré n'avoir jamais connu monsieur de Fargy ; car alors même, il me paraissait impossible de l'avoir vu sans l'aimer. Cependant, je ne concevais point que mon père n'eût pas examiné avec plus de soin les rapports de goûts et d'humeur, avant de songer à nous unir. Sûrement, il a été déterminé par d'anciennes alliances entre nos deux familles : enfin, il a cru assurer mon bonheur ; et, du moins, il est mort sans que j'aie laissé échapper aucune plainte qui pût lui inspirer de l'inquiétude ou des regrets.

J'aimais trop monsieur de Fargy, pour ne pas m'affliger d'une conduite qui devait être blâmée par tous les gens de bien. Aussi, que n'aurais-je pas donné pour qu'elle ne fût connue que de moi ! Mon cœur n'était-il pas toujours prêt à l'excuser ! Ne savais-je pas, mieux que personne, qu'il était plutôt entraîné par ses amis, que livré par choix à ces déréglemens !

Souvent, lorsqu'ils étaient échauffés par de longs soupers, ils se répandaient dans Paris, s'amusaient à briser les lanternes, à attaquer la garde, se faisaient un jeu d'être la terreur des habitans paisibles, et se félicitaient du scandale qu'ils avaient causé. Quand le cri public les signalait trop fortement, et que monsieur de

Fargy pouvait craindre que le récit de ces coupables scènes n'arrivât jusqu'à moi, il venait lui-même me les raconter, mais tellement adoucies, que je me bornais à gémir, sans oser lui faire de représentations trop vives. Je pleurais, en le conjurant de renoncer à ces liaisons déplorables. Ma douceur le touchait, tant qu'il était près de moi : il me promettait en riant d'abandonner ces pervers ; et dès qu'il me voyait plus tranquille, il courait les rejoindre.

Cependant, avant de me quitter, il me priait d'aller dans mes sociétés discrètes et sages, disait-il, et d'y montrer un visage assez calme pour imposer à la méchanceté. Il me prescrivait de nombreuses visites ; il m'indiquait les femmes les plus sévères, que, dans ces jours de crise, il me disait de rechercher. Je cédais à ses désirs, m'habillais à la hâte, empressée que j'étais à lui plaire. Il paraissait me savoir gré de ma complaisance, me considérait avec des yeux où je croyais voir une véritable affection, me remerciait d'un air attendri, m'appelait son ange protecteur, et je me sentais heureuse. Ah! qu'il faut aimer encore, pour qu'un mot, un regard suffise pour changer toutes vos pensées, et vous faire mieux espérer de l'avenir!

Afin de satisfaire monsieur de Fargy, je me rendais chez les personnes qu'il m'avait nommées. La conversation cessait à ma vue; une voix secrète me disait qu'on parlait de lui, avant mon arrivée. Je devinais le silence; j'interprétais les soupirs; je comprenais ces yeux levés au ciel, et retombant tristement sur moi; tous les sous-entendus m'étaient clairs, et j'avais l'air impassible. Personne n'aurait osé se permettre un seul mot dont il eût pu s'offenser : mais quel supplice que ces visites, quand celui que vous aimez est le sujet de l'histoire du jour!

Je venais troublée d'avance; je restais dans une pénible contrainte, et tardais à m'en aller, bien sûre qu'après mon départ, ma présence n'aurait servi qu'à réveiller l'entretien. Rentrée chez moi, je demandais en tremblant si monsieur de Fargy m'avait attendue. Je prévoyais la réponse; mais j'étais toujours désolée d'apprendre qu'il était sorti.

Hélas ! je demeurais seule, en proie à mes réflexions et à mes chagrins.

Je passai dans ces tourmens les deux premières années de mon mariage. J'étais devenue languissante et triste. Cette disposition éloignait encore monsieur de Fargy. Il souffrait de me voir souffrir ; et m'avouait qu'il n'avait la force, ni de supporter les chagrins qu'il me causait, ni de renoncer à ses liaisons.

La naissance de mon fils parut combler ses vœux, et ne le ramena point. Quant à moi, ce fut près de cet enfant que je sentis, pour la première fois, ce dévouement passionné qui embrasse tout l'avenir, et remplit l'ame tout entière. Je restais des heures avec lui. Le premier regard où il sembla me reconnaître, son sourire lorsqu'il entendait ma voix, me causait des joies de cœur dont les mères seules peuvent se faire une idée. Je le contemplais, jouissant d'un doux sommeil que je craignais de troubler; et pourtant, que de fois je posai légèrement mes lèvres sur son petit visage, en disant bien bas : Je n'existerai que pour toi!..... Le voir dormir était un bonheur; le voir s'éveiller était un plaisir : enfin près de cet enfant, je sentis toute la plénitude de la vie et de l'amour.

Dès que sa raison commença à se développer, je m'attachai à suivre ses plus légères impressions; et lorsque, dans ses premières années, je crus devoir me montrer sévère, je tremblai d'affaiblir sa tendresse pour moi.

Mais ce danger même était un des nombreux sacrifices que j'étais prête à lui faire. Cependant, que cet effort me devenait pénible! Monsieur de Fargy, un peu par manque de réflexion, mais surtout par le désir d'inspirer à son fils un sentiment de préférence, se plaisait à le gâter avec excès. Il ne lui parlait que pour l'applaudir, ne rentrait jamais sans lui rapporter quelque jouet nouveau, était toujours prêt à satisfaire ses fantaisies, et ne savait qu'imaginer pour l'amuser.

Il me laissait le soin de corriger les défauts que souvent il faisait naître, et de surveiller cette instruction dont les commencemens sont toujours si ennuyeux. Aussi l'enfant témoignait-il une joie vive et bruyante, dès que son père paraissait; et ses yeux craintifs cherchaient les miens, quand il commettait la moindre faute. Plusieurs fois, le courage fut près de me manquer. J'aurais été si satisfaite de prévenir également tous ses désirs! Mais je voulais lui former une ame élevée, généreuse, capable de résister à ses passions, et disposée à se sacrifier au bonheur des autres. Lorsque j'étais obligée de gronder, de punir, de l'accoutumer aux privations, je m'adressais au ciel; je pensais à ce long avenir que je ne cessais de lui demander pour mon fils, et je reprenais mes résolutions et ma force.

Cependant un jour, j'entrevis la récompense qui m'était destinée. Mon fils avait alors huit ans. Il était sorti à l'heure de sa promenade ordinaire : en chemin, un malheureux le supplia de lui accorder quelques secours; mon fils donna aussitôt tout l'argent qu'il avait obtenu de son père pour acheter des bagatelles. Quand il rentra, monsieur de Fargy était près de moi. L'enfant, loin de courir d'abord à lui, comme il en avait l'habitude, vint se jeter dans mes bras. Son jeune cœur, content de lui-même pour la première fois, semblait reconnaître qu'il me devrait ses vertus, et me remercier du sentiment délicieux qu'il éprouvait. Je l'embrassai avec une tendresse nouvelle, et plus vive; je jouissais de son émotion; je lui faisais répéter comment ce pauvre homme l'avait imploré, l'avait béni.

Tout entiers l'un à l'autre, nous avions oublié tous deux monsieur de Fargy; et j'avoue que je ne m'aperçus pas qu'il en était piqué. La bonne action de son fils l'aurait enchanté, s'il fût venu la lui confier; mais elle lui déplaisait, parce que l'enfant n'en parlait qu'à moi. « Je parie, me » dit-il, que ce pauvre est un fai- » néant qui a été boire l'argent qu'il » lui a pris; c'est punissable. » — Mon fils regarda son père d'un air grave et sombre, qui pouvait déjà faire pressentir quelle serait la fermeté de son caractère. Il était encore assis sur mes genoux; et, cachant sa tête contre la mienne, il paraissait ne plus vouloir ni entendre, ni voir son père. « Grâce! grâce! » dis-je à monsieur de Fargy; « n'étouffez pas le

» sentiment qu'il éprouve ; ne dessé-
» chez pas son cœur par des ré-
» flexions bien tristes, surtout si
» elles sont vraies. » — « Je déteste
» toutes les exagérations, me répon-
» dit-il avec humeur ; celles de la
» sensibilité m'ennuyent, et de plus
» me paraissent dangereuses.... Viens
» ici, petit ingrat, qui ne penses
» déjà plus à moi! » — Dans ce moment, l'enfant n'avait pas trop envie de me quitter pour s'approcher de son père ; je me levai, et le conduisis près de lui. — « Hé bien, reprit
» monsieur de Fargy, que t'a dit ce
» mendiant ? » — « Qu'il avait quatre
» petits enfans qui mouraient de
» faim. » — « Et tu l'as cru ? » —
« Oui, et c'est bien sûr. » — « Ah!
» c'est bien sûr! et quelles preuves en

» avez-vous, Monsieur? » — Mon fils réfléchit un instant, puis répondit : « Ce pauvre homme pleurait » tant, avant que je lui eusse donné, » qu'il fallait bien qu'il eût du chagrin. »

J'écoutais avec transport les réponses de mon fils : chaque parole de monsieur de Fargy m'inquiétait; je tremblais que, sans en prévoir les funestes conséquences, il ne détruisît les mouvemens généreux que j'avais pris soin d'inspirer à mon enfant. « Où as-tu trouvé cet homme? » ajouta monsieur de Fargy. » — « Près du Luxembourg. » — « J'irai » moi-même le chercher; et si je te » prouve après qu'il n'est pas misérable... » —Mon fils l'interrompit tout joyeux : « Ah! c'est que vous

» allez le secourir, s'écria-t-il; que » je vous remercie! »

Ce n'était point l'intention de monsieur de Fargy; il était encore trop fâché de la préférence que son fils m'avait montrée. Mais il lui était venu dans l'esprit de lui faire voir qu'on l'avait trompé. En se moquant de ma sensibilité, il croyait diminuer, et mon empire, et le prix que cet enfant mettait à m'entendre dire que j'étais contente de lui.

Mon fils ne pénétrait pas ces sentimens de son père qui ne m'avaient point échappé. Dans son bonheur, il l'embrassait, le caressait si tendrement, que monsieur de Fargy en fut touché. Cependant, il me regardait toujours avec humeur. L'enfant était trop agité pour s'en apercevoir; il

s'écria : « Vous avez bien raison,
» Maman, de me répéter tous les jours
» que papa est bon, est trop bon,
» et je le sens bien ! » — Il embrassa de nouveau son père, qui, jetant alors sur moi un regard plus doux, reprit : — « Vous lui dites donc quel-
» quefois du bien de moi ? » —
« Toujours. » — Monsieur de Fargy, pour me cacher son émotion, me demanda en souriant : « Quand vous
» lui dites du bien de moi, ne vous
» faites-vous pas un scrupule d'abuser
» de son innocence ? » — « Que ce
» méchant esprit se taise ! lui répon-
» dis-je, et laissez un moment par-
» ler votre cœur ; vous serez plus
» heureux, et nous aussi. » — J'osai le presser dans mes bras : une impression légère de tristesse et d'at-

tendrissement parut dans ses yeux; mais, comme s'il eût voulu repousser une pensée pénible, il ajouta : « Il » est trop tard ; j'ai besoin de bruit, » de mouvement, d'agitation; je » crois m'amuser, quand j'entends » crier et rire autour de moi. Votre » existence toujours la même, votre » voix que rien n'altère, m'attris- » tent un peu, ma chère amie. Chez » vous, il me semble être dans une » chambre de malade. »

Il se mit à rire de cette belle comparaison, et je ne répondis pas ; car, lorsqu'il m'appelait *ma chère amie*, c'était toujours pour me faire supporter quelques paroles affligeantes. « Écoute, continua-t-il en s'adres- » sant à son fils; voici l'argent que tu » m'avais demandé pour tes fantai-

» sies ; j'exige que tu l'emploies sui-
» vant cette intention : entends-
» tu ?..... En voilà deux fois autant
» pour tes générosités : si tu les pla-
» ces bien, à la bonne heure ; si tu
» es trompé, tant mieux : cela avan-
» cera ton expérience..... Quand tu
» donneras à un pauvre, je veux
» que tu écrives son nom, sa de-
» meure, et que tu viennes me le
» dire ; entends-tu bien? » — « Oui, »
répondit l'enfant, en serrant précieusement son trésor. Je remarquai avec plaisir qu'il me remit à garder l'argent qui était pour lui : mais, ce qu'il destinait aux pauvres, il le tenait serré dans ses mains ; et ses yeux brillans me demandaient la permission d'aller chercher encore quelques malheureux à soulager. — « Ta

» mère, reprit monsieur de Fargy,
» te rendra digne du ciel, où je me
» flatte cependant que tu n'iras pas
» de sitôt; moi, je te ferai con-
» naître le monde! »

Je frémis à cette proposition; mais j'espérai qu'il l'oublierait, et que les plaisirs ne lui laisseraient pas le temps de gâter mon ouvrage, par une connaissance prématurée des vices ou des folies de ce qu'il appelait le monde. Il nous quitta, et je restai avec mon fils.

Quand monsieur de Fargy fut sorti, l'enfant me répéta l'histoire du pauvre. Je lui peignis la joie de ces infortunés, au retour de leur père. La mobilité, l'imprévoyance de l'enfance l'empêchent de porter loin ses idées: l'imagination de mon fils n'avait pas été jusque-là. Je développai ce sentiment ; j'achevai ses pensées. Je lui appris qu'il avait été bon, généreux, quoique je susse bien que la vue du malheur l'avait seule entraîné. J'affectai de regarder, comme un acte volontaire, ce qui n'avait été qu'un premier mouvement. Je pris cet instant, pour en faire une époque dans sa petite tête, et lui persuadai qu'ayant agi en homme, il avait droit à mon estime et à la sienne même. Je savais combien il est utile de marquer des époques dans l'esprit des enfans, à mesure qu'ils avancent dans la vie. Cette circonstance bien légère fut celle que je choisis, pour faire sortir mon fils de l'obéissance passive des premières années, et lui expliquer les motifs qui me guidaient dans son éducation.

La préférence qu'il venait de me témoigner ne pouvait être oubliée par monsieur de Fargy. Pendant quelques jours, il chercha à le reconquérir, en lui offrant tout ce qu'il paraissait souhaiter : mais c'était par des objets hors de lui, qu'il voulait regagner son affection ; tandis que moi, j'allais me l'assurer dans le fond de son cœur. Je lui parlais de ses sentimens ; je lui découvrais les raisons qui l'avaient déterminé ; je le faisais sans cesse revenir sur lui-même, et c'est ainsi que je l'attirais vers moi. Monsieur de Fargy n'était que son complaisant ; j'étais son maître. Un seul de mes regards le gouvernait ; mon sourire devenait sa récompense ; enfin j'étais tout pour lui.

Monsieur de Fargy n'osait pas trop me gêner dans le plan que j'avais adopté, parce que, malgré lui, il respectait le dévouement de ma vie entière consacrée à mon fils. Il aurait craint d'ailleurs d'exciter un cri général, s'il me l'eût ôté pour le faire élever suivant ses idées, car il n'ignorait pas que sa conduite légère n'était pas approuvée du public. Nous continuâmes donc comme nous avions fait jusqu'alors : lui, se livrant de plus en plus à tous les plaisirs ; moi, solitaire, retirée dans le fond de mon appartement, et faisant mon unique occupation d'aimer et de soigner mon fils.

Louis XIV mourut : c'est alors, ma chère Blanche, que commencèrent mes affreux chagrins. Mais je m'arrête; car enfin, dans tout ce que je vous ai écrit jusqu'ici, j'ai trouvé des instans de bonheur. Pendant les premières années de mon mariage, je me flattais toujours d'obtenir l'attachement de monsieur de Fargy; et lorsque je formais l'ame de mon fils, mes espérances, mes succès me consolaient de toutes mes autres peines..... A présent, j'ai besoin de reprendre courage pour continuer à vous écrire. Ah! je n'avais pas connu le malheur!.....

— Ici Blanche s'arrêta elle-même, effrayée de ce que son amie avait encore à lui apprendre. Elle pensait à ce fils si tendrement aimé par une mère qui ne devait se croire tout-fait malheureuse que par lui. Elle redoutait tout ce qui pouvait affaiblir l'intérêt qu'il lui avait inspiré ; son cœur était serré, elle tremblait ; cependant elle reprit la lettre de madame de Fargy, et en continua la lecture.

FIN DU TOME SECOND.

www.ingramcontent.com/pod-product-compliance
Lightning Source LLC
LaVergne TN
LVHW020018170826
845678LV00001B/38
9782329807522